G. Hamberg

Entweder oder - Lebensbild in fünf Akten

G. Hamberg

Entweder oder - Lebensbild in fünf Akten

ISBN/EAN: 9783743615854

Hergestellt in Europa, USA, Kanada, Australien, Japan

Cover: Foto ©ninafisch / pixelio.de

Manufactured and distributed by brebook publishing software (www.brebook.com)

G. Hamberg

Entweder oder - Lebensbild in fünf Akten

Entweder — oder.

Lebensbild in fünf Acten.

Nach der gleichnamigen Erzählung von Heinrich Laube

für die Bühne bearbeitet

von

G. Hamberg.

Preis 60 Kreuzer = 1 Mark.

Den Bühnen gegenüber Manuscript. — Alle Rechte vorbehalten.

Wien 1884.

Verlag von Hugo Engel (Wien I. Getreidemarkt 14).

Druck von Ch. Reißer & M. Werthner.

Das Aufführungsrecht ist zu erwerben durch die Agentur von Gustav Lewy, Wien, IV. Schleifmühlgasse 6.

Personen.

Graf Erwin von Wartenstein.
Baron Heinzeles, Banquier.
Leni Lauban.
Kurt Wetter, Maler.
Dr. Wussinah, Verwaltungs-Director auf Schloß Wartenstein.
Maruschka }
Clarissa } Schauspielerinnen.
Nepomuk, Kammerdiener.
Heinrich, Theater-Director.
Horwitz, Theater-Agent.
Aurikel, Theaterdiener.
Ein Schauspieler.
Eine Schauspielerin.
Ein Theaterfeldwebel.
Statisten, Arbeiter, Diener.

Der erste Act spielt auf Schloß Wartenstein in Nordböhmen; der zweite anfangs im Zimmer der Maruschka zu Prag, dann im Schloß des Grafen Erwin ebendort; der dritte Act spielt in einem Hotel zu Nürnberg, der vierte im „Hotel Lamm" zu Wien, der fünfte hinter den Coulissen des Wiener Stadttheaters.

I. Act.

Zimmer im Schloß der Gräfin Wartenstein. Gediegene Einrichtung. Im Mittelgrund viereckiger Tisch mit drei Stühlen. Rechts Sopha und Sessel. — Große Mittelthür.

1. Auftritt.

Graf Erwin, Kurt (in schwarzem Salonanzug). Nepomuk (in schwarzer Livrée).

Nepomuk (auftretend). Wenn es den gnädigen Herren genehm ist, soll die Eröffnung des Testamentes hier vorgenommen werden.

Erwin (ist mit Kurt eingetreten). Gut! (an's Fenster tretend; zu Kurt). Die Leute bleiben noch immer bei der Kapelle stehen. Die verstorbene Gräfin scheint also beliebt gewesen zu sein.

Kurt O ja!

Erwin. Und doch nennt man sie spöttisch „die Racegräfin" und sagt ihr strenge Vorurtheile nach.

Kurt. Bei allen Vorurtheilen, welche sie Grundsätze nannte, hatte sie ein gutes Herz.

Erwin. Sind Sie Raucher?

Kurt. Ja.

Erwin (zu Nepomuk). Alter! Wie heißt Du?

Nepomuk. Nepomuk, zu Befehl.

Erwin. Also, Nepomuk zu Befehl, hole mir die Cigarrentasche, welche auf dem runden Tisch in meinem Zimmer liegt.

Nepomuk. Zu Befehl (ab).

2. Auftritt.

Vorige; ohne Nepomuk.

Erwin (Nepomuk nachsehend). Ein curioses Kerlchen! — Es nimmt sich frivol aus, wenn man, just vom Begräbniß kommend, nach einer Cigarre verlangt, nicht wahr?

Kurt. Ja.

Erwin. Und doch ist's natürlich, (sich auf's Sopha setzend) ganz natürlich. Einst gab's ja sogar den Leichenschmaus. Die Ueberlebenden wollen darthun, daß sie noch leben. — Dazu kommt zu meiner Entschuldigung, daß ich die verstorbene Gräfin gar nicht gekannt. Sie kam nie nach Wien. — Gestern trifft mich ein Telegramm, das mich zur Testaments-Eröffnung hieherruft.

Kurt (setzt sich auf einen Sessel, sich den Kopf stützend).

Erwin. Aber die Ceremonie hat mich trotzdem ergriffen. Besonders, als ich den kahlköpfigen Nepomuk weinen sah. Das steckt mich immer an. Ihnen wird's wol näher gegangen sein? Sie sind ja, wie ich höre, quasi verwandt mit der Gräfin.

Kurt. Ja, quasi! Meine verstorbene Mutter war die Schwester — der verstorbenen Gräfin.

Erwin (aufspringend). Ah, die Schwester?

Kurt. Nur die Stiefschwester.

Erwin. Verzeihen Sie, daß ich das nicht gewußt habe; ich bin ein leichtsinniger und unwissender Patron (reicht ihm die Hand). Aber dann ist ja dieses Testament sehr wichtig und Sie haben ein ansehnliches Legat zu erwarten.

Kurt. Gewiß nicht.

Erwin. Warum nicht?

Kurt. Sie verlangte, daß ich ihren Namen annehmen solle, und das hat mir die Achtung für meine verstorbenen Eltern nicht erlaubt, die Verwandtschaft mit einem Bürgerlichen aber konnte die Racegräfin nicht anerkennen.

Erwin. Oh, das ist hart.

Kurt. Aber consequent.

Erwin. Da Sie nun aber officiell zur Testaments-Eröffnung herbeigerufen wurden, hat sich's die Gräfin vielleicht doch noch anders überlegt.

Kurt. Es wird sich ja zeigen.

3. Auftritt.

Vorige, Nepomuk.

Erwin. Ah, da kommen Cigarren. Nepomuk zu Befehl, servire dem Herrn —

Nepomuk. von Wetter (servirt Cigarren).

Kurt (nimmt eine Cigarre, ohne sie anzuzünden). Wetter, kurzweg, Herr Graf.

Erwin (zündet eine Cigarre an). Dieser Nepomuk zu Befehl hat mir auch von einem jungen Mädchen erzählt, welches die Gräfin als Kind angenommen (rauchend). Ich habe in der Kapelle kein solches Mädchen bemerkt. Ist sie nicht da?

Kurt. Nein. (Pause.) Schade um das Kind!

Erwin (gespannt). Kannten Sie das Mädchen?

Kurt. Ob ich sie kannte! Wir lebten ein ganzes Jahr zusammen, hier in diesem Schlosse, in diesem Zimmer. Es war ein wildes, eigensinniges, aber wißbegieriges Kind. „Unband" pflegte es die Gräfin zu nennen. Ich unterwies sie in der Malerei, lehrte sie die Dichter kennen und studirte wol auch manchmal mit ihr Gesang. Wie oft hörte ich sie zum Ergötzen der Gräfin ein Lied singen, wie oft ein Gedicht declamiren. Am letzten Tage meines Hierseins trug sie zur Freude der Verstorbenen den Monolog aus der „Jungfrau von Orleans" vor. „Entweder etwas Vollkommenes — oder gar nichts" das war ihr Losungswort. In der Malerei konnte sie die Vollkommenheit nicht erreichen, das sah sie selbst ein. Sie klammerte sich also an die Schauspielkunst, und eines Tages ist sie — der Teufel weiß warum? eines Tages ist sie ihrer Wolthäterin davongelaufen.

Nepomuk (leise, bittend). Aber Herr von Wetter?

Erwin. Und wohin ist sie gelaufen?

Kurt. Das weiß Niemand!

Nepomuk. Beinahe wissen wir's. Unser Portier in Prag hat gemeldet, daß er sie gesehen, und da die verstorbene Erlaucht öfters Briefe von ihr erhalten hat, wird sich vielleicht die genaue Adresse in Ihrer Erlaucht Nachlaß vorfinden. Sie wird vielleicht bei der Maruschka sein, die ja auch zum Theater geht.

Erwin. In Prag wird sie schon zu finden sein. — Ist sie hübsch?

Nepomuk. Schön! Wunderschön!

Erwin (zu Kurt). Ist das wahr?

Kurt. Sie ist hübsch.

Erwin. Und sie will zum Theater? Das ist ja sehr interessant!

Nepomuk (stolz). Oh, sie ist eine geborene Künstlerin!

Kurt. Sie, gefährlicher Narr, haben sie redlich bestärkt in ihrer Ueberspanntheit, weil sie immer in Verzückung geriethen bei ihren Spiegelfechtereien.

Nepomuk (selig). Ja, wir Alle!

Erwin. Und dieses angenommene Kind der Gräfin ist nicht berufen worden zur Testaments-Eröffnung?

Nepomuk. Nein, allergnädigster Herr Graf; weil der Wussinah, der Director — na, ich darf's ja nicht sagen.

Kurt. Sag's nur!

Nepomuk (zögernd). Er ist eigentlich ihr Vormund, denn er hat sie damals aufgefunden. Aber, er hat sie nie leiden mögen und die ganze Dienerschaft sagt: Jetzt hat er sie deshalb nicht hergerufen, damit in seine Tasche fällt, was für Fräulein Leni im Testamente ausgesetzt ist. — Sie hassen ihn Alle; aber er ist steinreich und versteht Alles, auch die schwarze Kunst.

Kurt (lächelnd). Dummes Zeug!

Nepomuk (eifrig). Ja, das sagt selbst der Herr Pfarrer. Doch da kommt er schon, glaub' ich. Bitte, gnädige Herren, mich nicht zu verrathen.

4. Auftritt.

Vorige. Wussinah (im schwarzen Frack, eine Mappe unter dem Arm).

Wussinah (sich tief verbeugend). Dero gehorsamster Diener (macht dem Nepomuk eine hinausweisende Geberde).

Nepomuk (achselzuckend ab).

5. Auftritt.

Vorige, ohne Nepomuk.

Wussinah (weist ehrerbietig auf die Sessel beim Tisch).

Kurt, } (setzen sich zum Tisch).
Erwin }

Wussinah (geht zu seinem Platze, zwischen Erwin und Kurt, legt die Mappe auf den Tisch; stehen bleibend). Die erlauchte, jetzt hochselige Frau Gräfin hat mir aufgetragen, am Tage ihres

Begräbnisses ihr Testament zu eröffnen und zu dieser Eröffnung den hochgebornen Herrn Grafen Erwin von Wartenstein und den Herrn Kurt Wetter herbeizurufen. Die hochselige Gräfin ist heute Vormittag in die Gruft ihrer Väter zur Ruhe bestattet worden, die Sonne steht im Mittag, die Gerufenen sind anwesend; ich komme also, um meinen geheiligten Auftrag zu erfüllen. (Setzt sich und beginnt die Mappe zu entleeren).

Erwin. Was beglaubigt Sie?

Wussinah (reicht ihm ein Blatt Papier). Diese Vollmacht, von Ihrer Erlaucht eigenhändig unterfertigt.

Erwin (liest und gibt das Blatt an Kurt. — Man hört Lärm). Was bedeutet das? (Zum Fenster gehend). Die Leute schwenken die Mützen. (Zu Wussinah.) Wird noch Jemand erwartet?

Wussinah (bestimmt). Nein!

Erwin (an seinen Platz zurückkehrend.) Also lesen Sie, Herr Doctor! (sich setzend). Sie sind doch Doctor? Doctor juris, nicht wahr?

Wussinah. juris und medicinae.

Erwin (lächelnd). Lesen Sie also Herr Doctor juris und medicinae das Testament der Gräfin.

6. Auftritt.

Vorige, Nepomuk.

Nepomuk (schnell eintretend; athemlos). Sie kommt, sie kommt; sie ist da!

Erwin (aufstehend). Wer denn?

Nepomuk. Die Leni! Fräulein Leni!

Kurt (aufspringend). Leni? (eilt zur Thür).

7. Auftritt.

Vorige, Leni.

Kurt (Leni stürmisch umarmend). Leni! Liebe Leni!

Leni (ihm die Hand drückend, haftig). Gott sei Dank, Du bist da. Ist es wahr? Kann ich sie nicht mehr sehen, die gute Erlaucht? Ist sie schon begraben?

Kurt. Ja, Leni.

Leni (weinend). Mein Gott, mein Gott, so soll ich sie nicht ein einziges Mal wiedersehen?!

Nepomuk (ängstlich schüchtern). Der Sarg steht noch in der Kapelle.

Leni (haftig). O, dann kann ich noch einmal ihre lieben Züge schauen. Komm' Nepomuk, den Sarg zu öffnen.

(Leni, Nepomuk ab.)

8. Auftritt.

Erwin, Kurt, Wussinah.

Erwin. Das ist ja ein liebreizendes Geschöpf.

Kurt (ihr nachschauend; freudig). Nicht wahr?

Wussinah (der die ganze Scene mit Unwillen beobachtet hat). Eine überspannte Närrin ist sie. Als Komödiantin fängt sie an, im Spinnhause wird sie enden — oder als Selbstmörderin.

Erwin (Wussinah scharf in's Auge fassend). Ruhig, ruhig, alter Doctor. Was schreien Sie da für arge Worte in die Welt hinein! Was verstehen Sie von Jugend?!

Wussinah (unterbrechend). Mit Verlaub. Ich kenne den „Unband", wie ihn Erlaucht nannte. Ich kenne ihn von frühauf, da ihn mir der lahme Wildmeister im Walde zugeführt hat.

Erwin. Im Walde?

Wussinah. Ja. Da hat er sie aufgefunden, wie sie wilde Beeren suchte und halb verschmachtet war: ein verlorenes Zigeunerkind, wie er meinte. — Und die hochselige Erlaucht hat sie — mit Respect zu sagen — auch verziehen helfen. Die „Vagabundenrace", wie sie sagte, machte ihr Spaß, und, wiewol sie mich zum Vormund ernannte, entzog sie mir allen Einfluß auf das ungezogene Kind. (ruhiger) Umsonst hab' ich gemahnt und gemahnt, die Erlaucht lachte. Und so ist denn ein Wildfang aufgewachsen, der in sein Verderben rennt. Ich kann nicht mehr helfen!

Erwin. Man wird schon helfen. — Und nun genug der Worte. Oeffnen Sie das Testament!

9. Auftritt.
Vorige, Repomuk.

Repomuk (schluchzend). Kommen Sie doch, meine gnädigsten Herren mit hinunter. So was Schönes sehen Sie Ihr Lebtag nicht wieder. Sie hat richtig den Deckel des Sarges geöffnet. Da lag sie nun offen da, die Hochselige, und die Leni stürzte sich auf sie und küßte sie und die Thränen liefen ihr über das Leichengesicht. Die Mädchen haben sie wegreißen müssen, sie hätte sich verzehrt.

Kurt (der während dieser Scene sinnend dagesessen, erhebt sich und geht zur Thüre, als Leni hereintritt).

10. Auftritt.
Vorige, Leni.

Leni (schwankt weinend heran und sinkt auf einen Sessel nieder).

Kurt (küßt Leni auf die Stirn). Beruhige Dich Leni, da ist nicht zu helfen.

Leni (schluchzend). Nicht zu helfen!

Kurt (sanft). Du hätteſt Deine Liebe früher zeigen und die Pflegemutter nicht verlaſſen ſollen.

Leni Ja wol, ja wol!

Erwin (für sich). Ein bezauberndes Weſen!

Wuſſinah (rauh, zu Leni). Du kannſt hier bleiben. Wir gehen an die Eröffnung des letzten Willens.

Leni (ſtöhnend). Des letzten Willens!

Erwin,
Kurt } (rücken ihre Stühle näher zu Leni und ſetzen ſich).

Wuſſinah (mit einer ſcharfen Armbewegung gegen Repomuk). Hinaus!

Repomuk (tritt zu Leni, ihr verſtohlen die Hand küſſend: leiſe). Ich werde in der Nähe bleiben. (Ab.)

11. Auftritt.
Vorige, ohne Repomuk.

Wuſſinah (leſend). Der Wartenſtein'ſchen Hausordnung in Treue folgend, erkläre ich zum Univerſalerben all' meiner Herrſchaften unſeren würdigen Vetter, den Herrn Erwin Grafen von Wartenstein. Er ist gebeten, den Besitz der Familie streng zusammenzuhalten, damit das Ansehen unseres Hauses unverkürzt bleibe in zerstreuender Zeit. Auch bitte ich ihn, folgende Legate zu übernehmen: Erstens mein Pflegekind Leni betreffend. Er möge sie streng überwachen. Sie ist leichtsinnig, ja wild, und rennt offenbar in ihr Unglück hinein. Er möge sie also nach Kräften in den Schranken des Herkommens halten und ihr alljährlich zweitausend Gulden zum Unterhalt aussetzen, da sie ohne diese Hilfe wol bis zur untersten Stufe des Elends sinken würde.

Leni (ist aufgesprungen, unterbrechend; hastig). Ein so geschenktes Almosen nehme ich nicht an!

Wussinah (gereizt). Du bist toll!

Leni. Das bin ich nicht. (Warm.) Ich bin voll Dankbarkeit für die Verstorbene, welche mich geliebt und in ihrer Art liebreich bedacht hat. Sie stellt mich aber und mein Leben unter die Aufsicht eines fremden Herrn. Er soll mich überwachen und „in den Schranken des Herkommens halten". Ich weiß schon was das heißt: Ueberwacht und in Schranken gehalten werden. Das widerstrebt mir im Innersten. Ich bin ein freies Geschöpf Gottes, wie Jedermann, und das will ich bleiben, um jeden Preis. Ich lasse mich nicht binden und fesseln, gewiß nicht! Und wenn ich in meinem Streben zu Grunde gehe, wie man mir in die Ohren schreit, so ist das meine Sache. Ich mache mein Glück allein, ich trage mein Unglück allein. Leb' wol, Kurt! (Will abgehen.)

Kurt (eilt ihr nach). Welch' neue Uebertreibung, welch' undankbarer, kindischer Trotz!

Leni (zurückkommend). Nein, das ist es nicht. (sanfter) Ich liebe sie ja herzlich, meine gute Pflegemutter, ich bin ihr aufrichtig dankbar. Aber ich vertrag's nicht, wieder angebunden zu werden. Ich sterbe lieber, wenn ich nicht frei leben kann.

12. Auftritt.

Vorige, Nepomuk.

Nepomuk (tritt unbemerkt ein und verweilt im Hintergrunde).

Kurt (verweisend). Frei leben! Welch' einen Sinn hat das für ein junges Mädchen! Bedenke doch Leni, wohin Du geräthst, Leichtsinn und Liederlichkeit sind Weg und Ende!

Leni (schmerzlich). O, Kurt, wie weh thust Du mir. Du weißt am besten, was ich meine, wenn Du mir auch immer widersprochen hast. Du hast mir die Dichter erklärt, welche mich begeisterten, Du hast mich im Gesange unterwiesen und mir die Bilder gedeutet, welche mich fesselten. Und nun willst Du nicht begreifen, daß all' das in mir aufstrebt und aufdrängt nach eigener Ausübung. Sei mild und laß' mich gewähren! Unterm Zwange werde ich schlimm, peinige Euch — und verderbe mich. (Begeistert.) In der Freiheit aber, das fühle ich, können sich Fähigkeiten in mir entwickeln, welche mir und Andern Freude machen. Glaube Du mir doch! Du kennst ja mein Herz. Ich will ringen und arbeiten, bis zum Hinfallen, daß etwas Tüchtiges aus mir werde, und ich will ja eher sterben, als Dir und mir Schande bereiten!

Kurt. Unglückliches Kind! Das Alles ist ja unklare Phrase. Was willst Du denn werden? Was kannst Du denn werden?

Leni (lebhaft). Eine Künstlerin!

Kurt (halb mitleidig). Eine Schauspielerin?

Leni. Vielleicht!

Kurt (verächtlich). Eine Komödiantin!

Leni. Nein!

Kurt (eindringlich). Uebe Deine Kunst im häuslichen Kreise — zur Freude der Deinen, zur Erhebung für Dich selbst!

Leni. Nein; ich brauche die ganze Welt!

Kurt. Das ist's! Applaus brauchst Du, eitles Wesen! Und so wirst Du an der geringsten Stufe kleben bleiben und wirst untergehen im wüsten Verkehr einer Schauspielerbande!

Wussinah (ingrimmig). Wie Deine Mutter!

Leni (sehr heftig, zu Wussinah.) Schweigen Sie! — Was wissen Sie von meiner Mutter? — Was wisset Ihr Alle von dem Drange, welcher mich treibt! Geld und gesichertes Wolleben, das ist Euer ganzes Trachten, und das ist was Rechtes, nicht wahr? Nein, ich brauche das Alles nicht und bin freier, so als Ihr Alle! Diese Freiheit aber laß' ich mir nicht rauben, auch von Dir nicht, Kurt! Dabei bleib' ich und dabei will ich — wenn's Noth thut — sterben! — Entweder — oder! Wie oft Du mir auch dieses Wort verwiesen hast! — Ich will lieber untergehen, als mich verkrüppeln lassen. Leb' wol! (ab.)

Nepomuk (kichernd, für sich). Recht so, Leni. Nicht verkrüppeln lassen! (ab.)
Kurt (sich verzweifelt vor die Stirn schlagend). Haltet sie auf! Haltet sie auf! (Ab.)

15. Auftritt.

Erwin, Wussinah.

Erwin (hastig). Rufen Sie Nepomuk zurück!
Wussinah. Sehr wol! (Nimmt die Mappe unter den Arm und will abgehen.)
Erwin (befehlend). Das Testament bleibt hier!
Wussinah (legt die Mappe auf den Tisch; für sich). Meine Herrschaft ist zu Ende. (Ab.)
Erwin (allein). Das ist ein bezauberndes Mädchen. Die müssen wir unterstützen.

(Vorhang fällt.)

II. Act.

(Erste Abtheilung.)

Zimmer der Maruschka in Prag. Aermliche Einrichtung. Links Tisch, Lehnstuhl und Sessel. Mitte und rechts Thüren.

1. Auftritt.

Leni, Nepomuk (in eleganter Livrée).

Leni (in geschmackvoller, einfacher Morgentoilette, sitzt im Lehnstuhl, lesend; ihre Lippen bewegen sich).
Nepomuk (steckt den Kopf zur Mittelthür herein; anklopfend). Fräulein Leni, ich bin's. Darf ich hereinkommen?
Leni. Gewiß, guter Nepomuk! Was bringst Du Neues?
Nepomuk (geschäftig). Nicht viel, Fräulein Leni, aber doch etwas.
Leni (ohne Interesse). Nun?
Nepomuk. Daß der Tomaschek, der frühere Musikant auf Wartenstein, jetzt hier beim Theater angestellt ist, wissen

Sie schon. Ich habe ihn endlich aufgefunden. Er kennt einen alten Klavierlehrer, der für 40 Kreuzer pro Stunde Rollen einlernen hilft.

Leni (zögernd). Also doch Opernsängerin!

Nepomuk. Vorläufig wenigstens, Fräulein Leni, vorläufig. Ihre schöne Stimme macht das am leichtesten. Und dann können Sie auch als Sängerin am besten ein Engagement von hier aus erhalten, weil Prag einen außerordentlichen musikalischen Ruf hat. Wir sind eben geborene Musikanten!

Leni. Nun gut, schicke den Mann hieher!

Nepomuk. Sehr gerne, Fräulein Leni! (Verlegen.) Eigentlich hab' ich Ihnen noch etwas sagen wollen, Fräulein Leni.

Leni. Nun? So rede doch!

Nepomuk (zögernd). Ich möchte gerne bei Ihnen in Dienst treten. Können Sie mich nicht brauchen?

Leni (lachend). Bei mir müßtest Du ja hungern, braver Nepomuk.

Nepomuk (ebenfalls lachend). Nun, so werd' ich hungern, ich möchte so gern in Ihrer Nähe bleiben.

Leni. Das geht wirklich nicht, Alterchen.

Nepomuk. Wer weiß, ob's nicht ginge. Sie haben doch stets solche Freude gehabt an meinem Hornblasen, nicht wahr, Fräulein Leni?

Leni. Ja.

Nepomuk. Nun, ich habe mein Horn mitgenommen, und beim Theater braucht man Musik. Heute habe ich dem Tomaschek etwas vorgeblasen. Er sagt, daß ich besser spiele, als der erste Hornist. Wenn Sie also ein Engagement gefunden haben, da gibt's vielleicht auch einen Bissen Brot für mich — wenn auch einen kleinen. — Also, überlegen Sie sich's, Fräulein Leni. Jetzt muß ich leider fort. Ich darf nicht zu lange ausbleiben, damit der Herr Graf keinen Verdacht schöpft. Er fragt mich ohnehin alle Tage, ob ich die Wohnung des Fräulein Leni noch nicht entdeckt habe.

Leni. So?! Und was antwortest Du ihm?

Nepomuk. „Nein, Herr Graf; aber ich werde sie schon finden." Ich kann ihm doch nicht die Wahrheit sagen, aber ich fürchte, daß er meine Verlegenheit einmal bemerkt; es wäre —

2. Auftritt.

Vorige, Maruschka (in eleganter, etwas auffallender Straßen-Toilette).

Maruschka (rasch durch die Mitte). Guten Tag, Leni!

Leni (freundlich). Guten Tag, Maruschka!

Nepomuk (förmlich, sich leicht verbeugend). Ich habe die Ehre, Fräulein Maruschka. (Will abgehen.)

Maruschka (zu Leni). Eben sah ich vor dem Wartenstein'schen Palais eine Equipage stehen.

Nepomuk (umkehrend, für sich). Was ist das?

Maruschka. Ich trat in die Portier-Loge und frug, ob der Graf bald herabkommen würde.

Nepomuk (vortretend, hastig). Sie haben doch den Grafen nicht gesprochen, Fräulein!?

Maruschka (sich besinnend). Nein! — Aber wenn ich ihn gesprochen hätte —

Nepomuk. So würde er Fräulein Leni's Adresse erfahren haben, und das wäre ein großes Unglück.

Maruschka. Das bestreit' ich eben. Ein Glück wär's. Der Graf ist galant. Er wird Geld hergeben für Leni's Theaterlaufbahn.

Nepomuk (halblaut). Und Küsse und Umarmungen verlangen. (Laut) Ergebener Diener, meine Damen! (Für sich.) Da heißt's auf der Hut sein! (Ab, Mitte.)

3. Auftritt.

Vorige (ohne Nepomuk).

Leni. Ich mag nicht das Geld eines fremden Menschen.

Maruschka. Sei doch nicht kindisch, Leni. Du empfängst nicht „das Geld eines fremden Menschen", wenn Du die Unterstützung des Grafen annimmst, sondern Du empfängst Dein eigenes, Dir testamentarisch vermachtes Gut.

Leni. Ich will mir meinen Unterhalt verdienen.

Maruschka. Das Alles ist nicht so leicht. Vorläufig mußt Du Deine Lehrer bezahlen! Unsere kleine Casse ist bald erschöpft.

Leni (reicht ihr die Hand). Laß' gut sein, Maruschka! Das Alles wird bald überstanden sein. Und, wenn ich einmal aufgetreten bin, so, denk' ich, habe ich gewonnenes Spiel.

Maruschka. Weit gefehlt, Leni! Dann erst fangen die Bedürfnisse an. Es fehlt an den nothwendigsten Requisiten, an Toiletten — und Toiletten muß man haben, sehr kostbare sogar!

Leni (verstimmt). Man wird auch in einfachen Kleidern spielen können.

Maruschka. O, nein! Das Publicum will was für's Auge! — Und all das gilt nur für den glücklichen Fall, daß Du gefällst. Ziehe nun aber die Möglichkeit eines Mißerfolges in Betracht! Was wirst Du dann thun, wenn Dir jeder Halt, jede Stütze fehlt?

Leni (schmerzlich). Ach, Maruschka. Es gibt nur einen Mann, der das Recht hätte, mein Beschützer zu sein, das ist Kurt. Er hätte mich schützen sollen! Statt dessen ist er hart und grausam gegen mich gewesen. O Maruschka, er hat mir böse, bittere Worte gesagt, damals auf Wartenstein, als die gute Erlaucht gestorben war, Worte, die ich in meinem Leben nicht werde vergessen können, und die mich täglich auf's Neue schmerzen.

Maruschka (ärgerlich). Denke doch nicht mehr an diesen Kurt!

Leni. Du hast Recht, Maruschka, ich will nicht mehr an ihn denken, sonst peinigen mich seine bösen Weissagungen noch zu Tod. „Untergehen wirst Du in Schmach und Schande", sagte er, und solcher Dinge mehr. Und als ich dann in meinen Wagen gestiegen war, hatte er keinen Händedruck mehr für mich, keinen versöhnenden Blick. Er schwang sich auf sein Pferd und ritt davon, als wenn er mich niemals mehr wiedersehen wollte!

Maruschka (hat mit gespannter Aufmerksamkeit zugehört; plötzlich einfallend). Also räche Dich an diesem häßlichen Kurt! Zeige ihm, daß Du ihn nicht brauchst, daß es noch Männer gibt, die Dich ohne Eigennutz beschützen. (Es klopft.) Herein!

4. Auftritt.

Vorige, Erwin.

Erwin (durch die Mitte, sich verbeugend). Verzeihen Sie, meine Damen, daß ich unangemeldet hier eintrete, aber meine Freude, als ich endlich Ihren Aufenthalt erfuhr, war so groß, daß ich keinen Augenblick säumen wollte, Sie zu sehen.

Leni (die ihren Platz behalten hat, ladet ihn mit einer Handbewegung zum Sitzen ein).

Maruschka (hat sich Erwin genähert, flüsternd). Erwähnen Sie nichts von meinem Besuche, Herr Graf!

Erwin (nickt zustimmend). Ich weiß nicht, mein Fräulein, ob ich noch die Ehre habe, von Ihnen gekannt zu sein. Mein Name ist Graf Erwin von Wartenstein, ich will Sie um die Erlaubniß bitten, das mir testamentarisch vererbte Pflegekind unter meinen Schutz nehmen zu dürfen.

Leni. Was verstehen Sie unter solchem Schutz?

Erwin. Ihnen all das zu gewähren, was Sie für Ihren Lebenszweck brauchen, der ja wol ein künstlerischer ist. Also sogleich eine bessere Wohnung, entsprechende Bedienung, Herbeiziehen all der Lehrer, welche in's Theaterleben einführen, und Unterhandlung mit Directionen oder Agenten, um das Auftreten der Kunstnovize passend vorzubereiten..

Leni (aufstehend). Und Sie werden mir volle Willensfreiheit lassen?

Erwin (ist ebenfalls aufgestanden). Ganz und gar! Glücklich nur, wenn Sie etwas von mir verlangen. Schöne Kunst braucht freie Bewegung!

5. Auftritt.

Vorige, Nepomuk.

Nepomuk (eilig durch die Mitte; als er den Grafen erblickt, prallt er erschreckt zurück).

Erwin (mit Ingrimm). Du braver Nepomuk! Du hast mich also frech belogen, als Du diese Wohnung nicht kennen wolltest!

Nepomuk (versucht zu sprechen). Ich — ich —

Leni. Ich hatte es ihm verboten. Nepomuk gehört zu mir, und ich behalte ihn bei mir, auch wenn ich das freundliche Anerbieten Eurer Erlaucht annehme.

Erwin. Dann ist Nepomuk vollkommen gerechtfertigt. Ich eile jetzt hinweg, um eine Wohnung — aber nicht doch!

Wozu hab' ich denn das große Palais! Dort werden einige Zimmer für Sie eingerichtet, und ich hoffe, daß Sie, mein Fräulein, heute noch einziehen (reicht Leni die Hand).

Leni (einschlagend). Gut, Herr Graf. Ich danke Ihnen.

Erwin (freudig). Ich lasse Ihnen eine Stunde Zeit, Ihre Effecten zu ordnen und werde mir dann die Ehre geben, Sie mit meinem Wagen abzuholen (verbeugt sich). (Ab, Mitte.)

6. Auftritt.

Vorige, ohne Erwin.

Maruschka (hat den Grafen bis zur Thüre begleitet).

Nepomuk (hält sich an einem Stuhle fest; seine Kniee zittern).

Leni (zu Maruschka). Ah! die Geschichte ist doch nicht möglich.

Maruschka (erschreckt). Warum nicht?

Nepomuk (hat den Stuhl losgelassen und blickt freudig nach Leni).

Leni. Ich kann mich doch nicht so ohne Weiteres von Dir trennen, die Du so lange dies Zimmer mit mir getheilt! Nicht wahr, Maruschka, wir bleiben beisammen!

Maruschka (athmet erleichtert auf). Gewiß, Leni. — Aber deshalb brauchst Du nicht hierzubleiben. Nimm mich mit auf's Schloß!

Leni (zögert mit der Antwort).

Maruschka. Der Graf wird nichts dagegen haben; er mag mich!

Nepomuk (hustet).

Leni (ohne Nepomuk zu beachten). Also komm', Maruschka; ich will mich umkleiden. (Mit Maruschka ab, rechts.)

7. Auftritt.

Nepomuk (allein).

Nepomuk (vortretend). Der Schlag kommt von Maruschka; sie hat dem Grafen die Adresse verrathen! (Ab, Mitte.)

Verwandlung.

(Zweite Abtheilung.)

Zimmer im Schloß des Grafen Wartenstein. Elegante, reiche Einrichtung. Im Mittelgrunde Schreibtisch mit Sessel. Rechts Sopha und Sessel. Links Büchergestell. Große Mittelthür.

1. Auftritt.

Leni, Maruschka, Nepomuk.

Maruschka (mit Leni auftretend; Nepomuk folgt ihnen). Also, das ist der Salon, den Dir der Graf jetzt hat einrichten lassen? Superb! Dieser feine Geschmack, diese Noblesse!

Leni. Mir gefiel es in unserem kleinen Stübchen beinahe besser, Maruschka!

Maruschka. Du scherzest, Leni. Du, auf dem Schlosse mit allem Luxus erzogen, Du kannst Dich in solch' beengten Verhältnissen unmöglich glücklich fühlen. Auf die Dauer wenigstens nicht. Solch' kahle vier Wände und das Entbehren all' der Kleinigkeiten, die wir nun einmal gewöhnt sind, hemmen uns auf Schritt und Tritt. Glaube mir, der Graf hat Recht, wenn er sagt: Schöne Kunst braucht freie Bewegung! Und wie bemüht er sich, all' Deine Wünsche zu erfüllen und Dir das Dasein so schön als möglich zu gestalten!

Leni. Das eben ist es. Die Wolthaten des Grafen fangen an, mich zu drücken.

Maruschka. Oh! — Wie kann Dich das drücken, was der Graf in ehrerbietiger Erfüllung des letzten Willens der verstorbenen Gräfin thut!?

Leni. Und Du glaubst, daß es der Graf auch so auffaßt?

Maruschka. Ohne Zweifel. Beobachte den Grafen nur. Gegen Dich ist er stets höflich, aber sehr förmlich, ja zurückhaltend, während er mich sehr liebenswürdig, ja galant behandelt.

Nepomuk (räuspert sich).

Leni (ihr die Hand reichend). Du erleichterst mir das Hiersein.

Marujchka (auf die Uhr sehend). Beinahe hätt' ich mich verplaudert. Ich muß in's Theater, um die Probe der „Schönen Galathee" zu sehen. Auf Wiedersehen!
Leni. Auf Wiedersehen.
Marujchka (ab).

2. Auftritt.

Vorige, ohne Marujchka.

Nepomuk (seufzt tief auf).
Leni (sich umwendend). Was ist Dir, Nepomuk?
Nepomuk. Ach, Fräulein Leni! Sie hätten nie in dieses Haus kommen sollen. Das ist nicht das Rechte für Sie!
Leni. Ach was, Kurt soll sich ärgern!
Nepomuk. Er würde sich nicht nur ärgern, es würde ihn auch betrüben, wenn er's wüßte. — Der Graf hätte Sie nie mehr wiedersehen sollen! — Aber ich weiß jetzt, wer Schuld daran ist. Die Marujchka hat den Grafen vor vier Wochen besucht und ihm Ihre Adresse mitgetheilt.
Leni (erstaunt). Woher willst Du das wissen?
Nepomuk. Der Kammerdiener hat sie damals gesehen! Er erinnert sich noch ganz genau.
Leni. So? Dann wäre allerdings ihre Freundschaft etwas zu voreilig gewesen.
Nepomuk. Freundschaft? Ja, gegen den Grafen, aber nicht gegen Sie!
Leni (auffahrend). Was soll das heißen?
Nepomuk (ängstlich) Fräulein Leni, nehmen Sie mir es nicht übel, wenn ich so dreist rede, aber — Sie haben mir mein Glück begründet — und da hab' ich mir vorgesetzt, nun auch über das Ihrige zu wachen. Ihnen hab' ich's zu danken, Fräulein Leni, daß mich die hochselige Erlaucht in ihre Dienste genommen hat. Wie lange hatt' ich schon darauf gehofft, denn mir gefiel's gar nicht bei dem häßlichen Wussinah. Sie sind mein guter Engel gewesen, Fräulein Leni —
Leni (unterbrechend). Ich danke Dir für Deine Anhänglichkeit, Nepomuk, aber —
Nepomuk. Ja, aber die Marujchka, die ist schon als

Kind auf Wartenstein ein eitles, hoffärtiges Geschöpf gewesen und hat in der Kirche immer schöner geputzt sein wollen, als die anderen Dirnen. Etwas Künstlerisches hat sie nie gehabt. Und ich weiß ganz gut, daß sie das Fräulein Leni schon lange nicht mehr leiden mag und nur wegen des Herrn Grafen hier bleibt.

Leni (erregt). Nepomuk! Warum schwärzest Du die Maruschka an?

Nepomuk (eifrig) Oh, ich schwärze Niemand an, und was ich sage, weiß ich gewiß. Woher hätte denn Maruschka, seit wir hierhergezogen sind, alle Taschen voll Zehnerscheine? Womit kaufte sie denn all' den Putz, mit dem sie sich behängt? Sie sagt' ja selber: "Der Graf mag mich." "Der Graf ist galant!"

Leni. Galant? Das heißt?

Nepomuk. Zärtlich heißt's. — Aber freilich, mit einer, die höher hinaus will, schlängelt man sich auf längerem Wege; mit der Soubrette wird die Liebschaft auf kurzem Wege abgemacht.

Leni (auffahrend). Liebschaft?

Nepomuk (erschreckt; für sich). Mein Gott; sie wird eifersüchtig. Das ist das Allerschlimmste! (Sich vor die Stirne schlagend.) Was hab' ich angerichtet!

Leni (zusammensinkend). Das ist der Abgrund, den mir Kurt geweissagt hat!

Nepomuk (ängstlich). Bestes Fräulein, verzeihen Sie mir —

Leni (ihn scharf in's Auge fassend). Nepomuk!

Nepomuk (zitternd). Was, gnädiges Fräulein?

Leni. Du hast mich belogen!

Nepomuk. Belogen?! Ich? — — (sich plötzlich besinnend) Ja, ja, ich will es gestehen. Ich habe Sie belogen! Was soll ich thun, damit Sie mir verzeihen? (weinend). Ich habe es so gut gemeint!

Leni (ruhig). Das glaube ich und will Dir d'rum verzeihen. Aber jetzt geh' und lass' mich in Hinkunft allein für mein Wol bedacht sein.

Nepomuk (küßt ihr stumm die Hand und geht langsam ab).

3. Auftritt.

Leni allein, dann Nepomuk.

Leni (Pause) Der gute Nepomuk! Seine Treue und Anhänglichkeit verleiten ihn zu unnützen Befürchtungen, so daß er schließlich in frommen Lügen sich verstrickt. Nun aber an die Arbeit. (Nimmt ein Buch zur Hand.) Zu meinem „Gretchen!" (Setzt sich; beginnt zu lesen.)

Nepomuk (mit verweinten Augen, zitternder Stimme langsam eintretend). Fräulein Leni, ein Theater-Agent Horwitz ist draußen.

Leni (ohne aufzusehen). Was will er?

Nepomuk. In einer Theater-Angelegenheit müsse er das Fräulein sprechen.

Leni. Ich lasse bitten!

Nepomuk (ab).

4. Auftritt.

Leni, Horwitz.

Horwitz (mustert die gesammte Einrichtung; für sich). Hm, der Graf scheint nicht zu sparen. Kostbares Meublement. (Laut, mit ironischem Anflug). Hab' ich die Ehre mit Comtesse Lina von Wartenstein?

Leni (ohne aufzustehen). Mein Name ist Lina Lauban!

Horwitz (sich setzend). So, so? Lina Lauban! Hm. Also ganz einfach: Lina Lauban?

Leni. Ja. Was verschafft mir die Ehre?

Horwitz. O, bitte! Der Herr Graf hatte die Gnade, mir mitzutheilen, daß Fräulein ein Engagement beim Theater wünschen; ich finde das ganz vernünftig. Jedes Kind muß seinen —

Leni (unterbrechend). Können Sie mir in dieser Hinsicht eine bestimmte Aussicht eröffnen?

Horwitz. O ja! Gewiß! Nur werden Sie begreiflich finden, daß ich mich vorerst informiren will, welche — Mittel — Sie — anwenden — wollen —

Leni. Mittel? Ich verstehe Sie nicht!

Horwitz (gedehnt). So? Hm! Wünschen das Fräulein vielleicht, daß ich hierüber mit dem Herrn Grafen selbst verhandle?

Leni. Ich halte das nicht für nöthig.

Horwitz. So? Hm! Sie halten das nicht für nöthig? (Für sich.) Abgeschmackte Komödie.

Leni. Zur Sache mein Herr! Hab' ich irgend welche Aussicht auf ein Engagement?

Horwitz (in einiger Verlegenheit). Sie werden jedenfalls nur auf ein Engagement in Prag reflectiren?

Leni. Keineswegs. Wenn sich irgendwo an einem guten Theater etwas bietet, nehm' ich es mit Freuden an.

Horwitz. So, so? Das konnt' ich nicht voraussetzen! (Für sich.) Ist sie des Grafen so sicher, daß sie glaubt, er zöge mit ihr? (Laut.) Um der Form zu genügen, wird es nothwendig sein, daß man ein Rollen=Repertoire einreicht. Haben Sie sich vielleicht schon ein kleines Repertoire zusammengestellt?

Leni. Nein. Ich war bis heute noch unschlüssig, ob ich Sängerin oder Schauspielerin werden solle.

Horwitz (für sich). Das glaub' ich.

Leni (fortfahrend, mit Wärme). Meine Opernrollen haben mich stets lebhaft interessirt, ja gepackt und ich war recht glücklich, wenn ich meine Arien fehlerfrei gesungen hatte. Aber ein so beseligendes Gefühl, wie dasjenige, welches mich jetzt, beim Studium des Gretchen erfüllt, habe ich vorher nie gekannt. Ich bin nicht mehr ich; ich bin wirklich Gretchen, so sehr füllt mich die Rolle aus. Und so bin ich denn von der Ueberzeugung durchdrungen: Es ist das Beste, wenn ich Schauspielerin werde.

Horwitz (hat ihr mit wachsendem Erstaunen zugehört). Sie wollen also wirklich Künstlerin werden?

Leni. Wie meinen Sie das?

Horwitz (verwirrt). Verzeihen Sie, mein Fräulein! Ich bewundere Ihren Ernst, Ihre Begeisterung; ich meine: Sie wollen eine wahrhafte große Künstlerin werden?

Leni. Ja, eine große Künstlerin. Entweder --- oder!

Horwitz (in verändertem Ton). Mein Fräulein, ich bin von Ihrem Talente überzeugt. Ich kann Ihnen ein Engagement für Pilsen bieten, eventuell mit sofortigem Antritt.

Zufällig habe ich einen Contract mit Vollmacht des Directors bei mir (er zieht ein Papier aus der Tasche, schreibt einige Worte darauf und übergibt es Leni). Er wird sehr glücklich sein, eine Sängerin und Schauspielerin in einer Person zu finden. Es bedarf nur noch Ihrer Unterschrift und die Sache ist abgemacht. (Erhebt sich und will ihr die Hand küssen.)

Leni (hat den Contract auf den Tisch gelegt; mit einer abweisenden Geberde). Adieu.

Horwitz (sich tief verneigend.) Ich habe die Ehre, mich dem Fräulein bestens zu empfehlen. (Wendet sich zum Gehen und begegnet dem Grafen Erwin; verbeugt sich nochmals; für sich.) Der Teufel soll daraus klug werden! (Ab.)

5. Auftritt.

Leni, Erwin.

Erwin (verbeugt sich leicht, schreitet langsam auf Leni zu und küßt ihr die Hand).

Leni (hat sich erhoben; freundlich). Was führt Sie zu mir, Herr Graf? (Setzt sich und bietet Erwin ebenfalls einen Platz.)

Erwin (sich setzend). Fräulein Leni, was mich hieherführt, ist mir unendlich schwer in Worte zu fassen. (Pause.) Es ist die Sorge um ihr Wol!

Leni (will ihn unterbrechen).

Erwin (fortfahrend). Sie fühlen sich nicht glücklich in diesem Schlosse, Fräulein Leni. Ich weiß es. Ich war redlich bemüht, all' Ihre Wünsche, die laut gewordenen, wie die stummen zu erfüllen. Vergebens! Eines konnte ich Ihnen nicht geben: die innere Zufriedenheit. Sie sind nicht glücklich!

Leni (verwirrt). Wer sagt das?

Erwin. O, ich sehe es an Ihrer bekümmerten Miene, sehe es zu meiner tiefen Besorgniß täglich mehr. Ich will nicht in Sie dringen, Fräulein Leni, will nicht zu ergründen suchen, was sie bedrückt: Es ist Ihr Geheimniß. Aber das aufrichtige Geständniß kann ich von Ihnen verlangen, das Geständniß, ob es meine Person ist, die Sie beängstigt und Ihnen alle Fröhlichkeit raubt. Wenn dem so ist, so würde es Sie nur ein Wort kosten, sich von meiner Gegenwart zu befreien. Meine Freunde bitten mich seit Langem, nach Wien zurückzukehren. Abgesehen von dem — allerdings schwerwiegenden — Umstande, nicht mehr in Ihrer Nähe leben zu können, kostet es mich kein Opfer, Ihnen das Feld zu räumen. Verfügen Sie über mich! Darf ich bleiben oder soll ich gehen?

Leni (reicht ihm mit Wärme die Hand). Bleiben Sie hier, Erwin. Fühl' ich's doch heute, da Alles auf mich einstürmt, mehr als je, daß wir arme, schwache Geschöpfe sind und des männlichen Schutzes bedürfen. Ich danke Ihnen von ganzem Herzen! Sie sind ein großer, edler Mann, und nun empfind' ich doppelt tief die Scham, daß ich Sie einen Augenblick lang einer niedrigen Gesinnung fähig hielt, daß ich einen Augenblick lang glauben konnte, was unvernünftige Verleumdung von Ihnen sprach.

Erwin. Verleumdung?

Leni. Ja, Erwin, Sie sind verleumdet worden —

Erwin. Und Sie zweifelten an mir?

Leni. Ich zweifle nicht mehr.

Erwin (mit Wärme). Du vertraust mir also?

Leni (hervorbrechend). Ich vertraue Dir!

Erwin. Heißen Dank! (Schließt Leni langsam in die Arme und drückt ihr einen Kuß auf die Stirn.)

6 Auftritt.
Vorige, Nepomuk.

Nepomuk (der während der letzten Worte den Kopf zur Thüre hereingesteckt, reißt die Thüre auf, eilig). Herr Graf, Herr Graf, die Maruschka will mit Ihnen sprechen. Sie weint und schreit, daß man sie im ganzen Hause mißhandelt, blos darum, weil der Herr Graf seine Scherze mit ihr treibe. Ich konnte sie nur mit Mühe abhalten hierherzukommen; aber sie wird vielleicht doch kommen, wenn sich der Herr Graf nicht selbst in's Mittel legen.

Erwin (ist ärgerlich aufgesprungen, zu Leni:) Entschuldigen Sie einen Augenblick! (Ab.)

7. Auftritt.
Leni, Nepomuk.

Leni. Was bedeutet das? Ist's also doch wahr, was Du mir von Maruschka gesagt hast?

Nepomuk. Freilich ist's wahr, was ich gesagt habe und noch viel mehr! Aber als Fräulein Leni so in Verzweiflung geriethen, konnt' ich mir nicht anders helfen und habe mich selbst zum Lügner gemacht, um Fräulein Leni wieder zu beruhigen.

Leni (die Augen mit der Hand bedeckend). Mein Gott! Mein Gott! Was soll ich thun?

Nepomuk. (Pause. Halblaut.) Fragen Sie doch den Grafen, ob er Sie heiraten will. Er behandelt sie doch so!

8. Auftritt.

Vorige, Erwin.

Erwin (sehr zornig). Es ist ja gar nicht wahr, was Du von Maruschka gesagt hast!

Nepomuk. Ja, sie wird's nicht eingestehen, wenn der Herr Graf selber kommt.

Erwin. Du wirst morgen mein Haus verlassen. Verstehst Du mich?

Nepomuk. O ja!

Leni (hastig). Einen Augenblick, Herr Graf! Ich höre, daß Sie mich heiraten wollen!

Erwin. Wie?

Leni. Wird's da kein Hinderniß sein, daß ich auf's Theater will?

Erwin (verwirrt). Was soll denn das?

Leni. Bitte, antworten Sie mir, Herr Graf! Wollen Sie mich heiraten?

Erwin. Aber Leni, wozu diese Frage?

Leni. Sie fragen also, statt zu antworten! Beruhigen Sie sich! Ich bin viel zu jung zum Heiraten, ich muß erst was werden. Jetzt bitte ich nur, mich allein zu lassen.

Erwin. Aber Leni —

Leni. Ich bitte. Morgen sprechen wir weiter über dieses Thema.

Erwin (dem Nepomuk einen grimmigen Blick zuwerfend). (Ab.)

Leni (geht nach kurzer Pause zum Schreibtisch, setzt ihre Unterschrift auf den dort liegenden Contract, gibt das Papier dem Nepomuk). Trag' das zum Agenten. Wir fahren morgen nach Pilsen.

Nepomuk (den Contract frohlockend emporhaltend; im Abgehen). Wir gehen also doch zum Theater!

(Vorhang fällt.)

III. Act.

Zimmer im Hotel zu Nürnberg; links Sopha, rechts Tisch, Sessel, Uhr; Mitte und rechts Thüren.

1. Auftritt.

Leni, Clarissa (sitzen am Tisch, Jede ein Buch in der Hand).

Clarissa (das Buch zuklappend). Vortrefflich haben Sie heute die Rolle gesprochen. Sie werden beim nächsten Auftreten einen noch stärkeren Erfolg haben, wie gestern. Ganz Nürnberg spricht schon von der gestrigen Luise und von der unbekannten Künstlerin aus Pilsen, die Sängerin werden wollte und mit einem Schlage eine Tragödin geworden ist.

Leni (reicht ihr die Hand). Und all' das hab' ich Ihnen zu verdanken; Sie haben sich der hilflosen Fremden angenommen und ihr das geschwundene Selbstvertrauen wieder geschenkt.

Clarissa. 'S ist wahr. Auch ich kann ein wenig stolz sein auf Ihren gestrigen Erfolg. Denn ich allein hatte den festen Glauben an Ihr Talent. Sie waren unglücklich und hielten sich für verloren. „Thorheit," dachte ich, „sie ist jung und begabt. Fester Wille und Arbeit wird sie bald auf die Höhe bringen." Und wirklich kam's so. Und es wird immer besser werden. Die Hauptsache ist: Auf den Sinn sprechen, nicht auf den Ton, wie mein verstorbener Mann zu sagen pflegte. Er hatte auch kein besonders starkes Organ, aber er sprach äußerst wirksam, weil er den geistigen Inhalt hervorhob. Den muß man dem Publicum wie auf dem Präsentirteller vorlegen. Die Leute müssen verstehen ohne Anstrengung. Der

Schauspieler, welcher so spricht, wird ein Liebling des Publicums, und der gefällt überall.

Leni. Etwas Aehnliches hat mir Kurt auch gesagt, aber ich habe ihn nicht verstanden, ich war damals noch zu jung dafür.

Clarissa. Kurt? Ist das der junge Herr, der gestern auf die Bühne kam und Sie so herzlich begrüßte?

Leni. O nein! — Es war Graf Wartenstein, der Neffe meiner verstorbenen Pflegemutter. Er hat durch einen Zufall erfahren, daß ich in Nürnberg bin und ist hiehergereist. (Wehmüthig.) O, Kurt hätte das nicht gethan, Kurt würde nicht meinetwegen nach Nürnberg reisen!

Clarissa (mit Interesse). Warum nicht?

Leni. Kurt war mein Lehrer, mein Freund, aber er wollte nicht, daß ich Schauspielerin würde, und als ich trotzig bei meinem Entschlusse beharrte, hat er sich von mir abgewendet — (stützt den Kopf mit der Hand).

Clarissa. Und Sie haben ihn nie wiedergesehen, — ihm nie geschrieben?

Leni. Geschrieben, ja! Als ich in Pilsen war und mich so ganz unglücklich fühlte. Graf Wartenstein hatte mich auch dort aufgesucht, aber ich bat ihn, Pilsen zu verlassen. — Ein Mißerfolg folgte dem andern, und ich war auf dem Punkte, mein „Entweder — oder" verloren zu geben. „Du bist wol beim Oder angekommen," sagte ich mir. „Das heißt: Beim Nichts. Beuge dich also und bekenne. Bekenne dem Kurt und bitte um Verzeihung." — Ich setzte mich hin und schrieb einen langen Brief an Kurt, in welchem ich all' meine Enttäuschungen erzählte und meine Unzulänglichkeit eingestand. Er hätte vollständig Recht behalten gegen mich, die eingebildete, überspannte Thörin. Er möchte mir schreiben, wo ich ihn finden könnte.

Clarissa. Und dieser Brief —

Leni. Dieser Brief ist bis heute ohne Antwort geblieben!

Clarissa. Und Sie ließen es dabei bewenden? Schrieben nicht zweites Mal wieder? Vielleicht ist dieser eine Brief gar nicht an seine Adresse gelangt?!

Leni. O, es ist kein Zweifel. Er will nichts mehr wissen von der Komödiantin!

Clarissa. Wozu solch' trübe Gedanken?! Lassen Sie das Vergangene ruhen und blicken Sie freudig in die Zukunft! Heiterkeit macht tapfer!

Leni (blickt auf die Uhr). Wie soll ich heiter sein? Schon so spät und Nepomuk noch immer nicht zurück! Sein Verschwinden beunruhigt mich im höchsten Grade. Man soll zur Polizei schicken!

Clarissa. Das ist nicht nöthig. Ich weiß, warum er „verschwunden" ist. — Wenn er es immer bliebe, umso besser für Sie!

Leni (erschreckt). Ich verstehe Sie nicht, Frau Clarissa. Was hat er angerichtet?

Clarissa. Daß er wirklich etwas angerichtet, daran habe ich ihn glücklicherweise noch verhindert. Aber den besten Willen hat er gehabt. Hören Sie! Als ich gestern in's Theater komme, finde ich den Director in der höchsten Erregung. „Eine Schauspielerin, die noch nicht flügge ist, Vorstellungen abändern! Unerhört! Herr Regisseur, kann Niemand die Luise übernehmen?" „Niemand, geradezu Niemand!" — „Es ist ja noch Zeit zur Probe." — „Niemand, geradezu Niemand." — „Himmel und Hölle, so machen Sie eine andere Vorstellung zurecht, das Schauspiel ruinirt uns!" — Als ich, vom ersten Erstaunen erholt, frug, was denn eigentlich geschehen, bedeutete man mich, Ihr Diener habe die Meldung gebracht: „Fräulein Lina sei durch Furcht und Aufregung schwer erkrankt." — Sei es nun, daß mein allgemeines Mißtrauen gegen die Czechen oder eine plötzliche Eingebung mich leitete: kurz, ich ahnte sogleich, daß das Ganze eine Erfindung Nepomuk's sei. Ich bat den Regisseur, mit der Abänderung noch eine halbe Stunde zu warten und eilte hieher, wo ich zu meiner Genugthuung Alles in bester Ordnung fand.

Leni. Und Sie sagten mir nichts von dem Vorfall —?

Clarissa. Das hätte Sie unnöthig aufgeregt. Ich verständigte den Regisseur sofort, daß Sie spielen würden, und er war mir sehr dankbar, daß ich ihn aus seiner großen Verlegenheit befreit! — Aber dieser Nepomuk hat wol allen Grund, sich jetzt nicht blicken zu lassen. Wenn sein Plan geglückt wäre, hätte Ihnen der Director gestern noch die Entlassung geschickt und Sie wären mit einem noch tieferen

Zweifel an Ihrem Talent von hinnen gezogen und vielleicht darüber zu Grunde gegangen!

Leni. Das Alles fass' ich nicht. Nepomuk war bis heute die verkörperte Treue und Ergebenheit.

Clarissa. Ich habe nie an seine Ergebenheit geglaubt und bin froh, daß Sie von ihm befreit sind. — Uebermorgen werden wir, glaub' ich, „Kabale und Liebe" in Fürth aufführen. Das ist der wahre Segen, wenn man eine neue Rolle bald wiederholen kann; alle Fehler werden dann ausgemerzt. Sie würden gut thun, heute nach Fürth zu fahren, um das Haus kennen zu lernen. (Erhebt sich, um abzugehen.)

2. Auftritt.

Vorige, Nepomuk.

Nepomuk (kommt durch die Mitte, gebeugten Kopfes, mit verweinten Augen, nähert sich langsam Leni, stürzt vor ihr nieder; weinend). Fräulein Leni, liebes Fräulein Leni! Können Sie mir verzeihen?

Leni. Warum hast Du dies Alles gethan?

Nepomuk (unter Schluchzen). Aller Zauber und Schwung, alle Himmelslust schien mir verloren, wenn Sie den Gesang aufgeben und in's trockene Sprechwesen verfallen sollten. Da habe ich die Vorstellung verhindern wollen, um Sie zur Besinnung zu bringen.

Leni (zur Decke blickend). Zur Besinnung?

Nepomuk (schluchzt, ohne zu antworten).

Leni. Steh' nur auf, Nepomuk! Ich selbst bin nicht frei von Deiner Furcht.

Nepomuk (aufstehend). Nein, nein! Seien Sie getrost! Ich habe die Vorstellung angesehen und —

Leni. Und? Nun?

Nepomuk. Ich bin gerührt worden, recht sehr gerührt worden und hab's bitter bereut, daß ich's verhindern wollte; und d'rum komme ich, um Gnade zu bitten. Ich glaube, ich hab' Unrecht gehabt und es könnte noch Alles gut werden!

Leni (erleichtert). Sie sehen, Frau Clarissa. Er hatte keinen schlimmen Grund für seine Unbesonnenheit.

Clarissa (zuckt die Achseln).

Nepomuk (strahlend). Ich darf also wieder bei Ihnen dienen, Fräulein Leni?

Leni. Ja, wenn Du versprichst, keine derartigen Streiche mehr auszuführen.

Nepomuk (betheuernd). Oh —

3. Auftritt.

Leni, Clarissa, Heinzeles.

Diener (durch die Mitte, übergibt Leni eine Karte).

Leni (lesend). „Baron Heinzeles!" Ich lasse bitten!

Diener }
Nepomuk } (ab, Mitte).

Heinzeles (schnell durch die Mitte eintretend; mit einer graziösen Verbeugung Leni die Hand küssend). Mein Fräulein, Sie verzeihen die Kühnheit eines Landsmannes. Ich habe in Erfahrung gebracht, daß Fräulein eine Oesterreicherin sind; ich selbst bin aus Wien und es drängte mich, der so zauberisch talentvollen Landsmännin zu sagen, daß sie mich als Luise entzückt hat. Sie müssen in Wien auftreten, mein Fräulein; ich werde dafür sorgen.

Leni (lächelnd). Das wird nicht so leicht sein. (Bietet Heinzeles einen Platz.)

Heinzeles (sich gegen Leni und Clarissa verbeugend; setzt sich). Ganz leicht, wenn ich's in die Hand nehme. Heinzeles bedeutet etwas in Wien, an der Börse und deshalb auch bei den Theatern. Geld regiert die Welt, und — die Kunst, schönes Fräulein, die Kunst verschönert die Welt. Sie haben die Wahl unter zwei Theatern in Wien. (Die Handschuhe ausziehend.) Beide bringen nur Schauspiel: das Burgtheater und das Stadttheater. Zum Burgtheater würde ich für den Anfang nicht rathen. Auch das größte neue Talent kommt da schwer in die Höhe, denn da gibt's immer eine alte Garde, und diese alte Garde hält krampfhaft fest an ihrem Posten. Das Stadttheater dagegen ist für Sie, ganz außerordentlich für Sie. Die Dame, welche dort Ihre Rollen spielt, hat bereits dreimal Fiasko gemacht, und im Stadttheater wird gewagt, wird unabläßig Neues vorgeführt.

Ich kenne den Director. Er ist etwas Bär und eigentlich nicht zu haben. Selbst uns, von der Börse, denen er sonst wol entgegenkommt (man weiß warum), selbst uns behandelt er oft rauh. Aber er ist wie der Satan auf neue Talente, und ganz des Satans, wenn sie schön sind. Also, schönstes Fräulein, kommen, sehen — das heißt gesehen werden — und siegen, ich sage siegen! Mein Wort darauf, das Wort eines Millionärs.

Clarissa (lächelnd). Eines Millionärs?

Heinzeles. Und eines wirklichen! Mein Freund, der alte Königswarter, ein Archimillionär, obwol von kleiner Gestalt, hat das entscheidende Wort gesprochen: „Der Mensch da soll blos eine Million haben und ein paar Nullen drüber, wie kann sich der einen Millionär nennen? Das ist Aufschneiderei." Mit einer lumpigen Million ist man doch noch nicht Millionär. Sie verstehen, meine Damen?

Leni (nicht lächelnd).

Heinzeles. Also, in diesem Sinne nenne ich mich einen Millionär, und zwar mit Aplomb. Nicht, um zu prahlen, o nein! Aber man ist doch, was man ist. Wozu sein Licht unter den Scheffel stellen! Besonders in der Fremde, wo's Einem nicht alle Leute ansehen. Nur zu Ihnen sag' ich's übrigens, nur zu Ihnen, damit Sie Vertrauen zu meinem Einfluß fassen. Ich bringe Sie an's Stadttheater, verlassen Sie sich d'rauf.

Clarissa. Vorläufig ist Leni hier gebunden. Sie hat einen einjährigen Contract abgeschlossen.

Heinzeles. Contract? Kleinigkeit! Den kaufen wir ab. Darauf kommt's eben gar nicht an. Uebermorgen bin ich in Wien und spreche mit dem brummigen Tyrannen.

4. Auftritt.

Vorige, Nepomuk, dann Erwin.

Nepomuk (meldend). Graf Erwin von Wartenstein.
Leni. Ah, willkommen!
Heinzeles (für sich). Teufel, der kommt mir nicht gelegen.

Nepomuk (öffnet die Thüre und läßt Erwin eintreten).

Erwin (will auf Leni zugehen: erstaunt): Heinzelchen! Wie kommen denn Sie hieher? Ich glaubte Sie in Paris.

Heinzeles (mit erkünsteltem Humor). Nein, ich reise nicht nach Paris. Ein Wunder ändert Alles. O, es geschehen noch Wunder, wie Schiller's Jungfrau von Orleans declamirt, selbst in Nürnberg. (Ist Erwin entgegengegangen und reicht ihm die Hand.)

Erwin (nimmt Heinzeles' Hand, drängt denselben zu Clarissa und tritt rasch zu Leni).

Leni (setzt sich mit Erwin links auf's Sopha; sie sprechen leise).

Heinzeles (blickt mit saurer Miene bald nach Leni, bald nach Clarissa, nähert sich der Letzteren und nimmt mit ihr auf der anderen Seite der Bühne Platz; immer von Zeit zu Zeit nach Leni blickend). Ich darf wol annehmen, meine Gnädige, daß ich in Ihnen eine Freundin dieses himmlischen Wesens kennen zu lernen die Ehre habe.

Clarissa. Gewiß, mein Herr, ich bin Lina's Freundin. Sie scheint Ihnen einen tiefen Eindruck gemacht zu haben?!

Heinzeles. Einen tiefen Eindruck? Das ist keine Bezeichnung. Ich bin entzückt, geradezu hingerissen. Sehen Sie nur diese Gestalt, so graziös; nein, souple! So elastisch wiegt sich nur Aglaja. Dieser Arm, weiß wie Alabaster, frei von plumper Fleischmasse und so reizvoll. Ganz, wie Büste und Nacken, welche ein Bildhauer modellirt haben könnten. Makart selbst hat so etwas noch nicht gemalt. Und dieser Teint in seiner blassen Frische, „gelblich angehaucht", sagt das grobe Wort. Es ist nicht richtig das Wort, es ist nur ein gelblicher Schatten, wie bei der Lilie, und wie geht er über in einen Hauch von Röthe, in einen Hauch! Und das Alles ist blos auswendig. Wie spricht sie dazu, wie lächelt sie, und was soll man von diesen großen dunkeln Augen sagen? Was? Das leibhaftige Geheimniß lockt da in's Unergründliche. „Tragisch" nennt man's. Dummes Zeug! Das Wort „tragisch" stört Einen. „Meerestief" muß man's nennen, meerestief, wenn der kleine Mund seine feinen Lippen öffnet und die kleinen prächtigen Zähne –

Clarissa (lachend). Sie scheinen verliebter Natur!

Heinzeles. Sagen Sie nicht „verliebt". Sagen Sie, daß ich liebe, und Sie haben das richtige Wort gewählt. O, gnädige Frau, wenn Sie mir Ihre Hilfe zu Theil werden ließen.

Clarissa. Ja, was wollen Sie denn? Wollen Sie eine Liebschaft, oder wollen Sie Lina heiraten?

Heinzeles. Diese Fragestellung kommt mir zu grell vor, zu akademisch.

Clarissa. Das heißt: heiraten will ich nicht. Nun denn, Herr Baron — Sie sind doch Baron?

Heinzeles. Parbleu! Seit drei Jahren!

Clarissa. Nun denn, für Liebschaften ist eine Luise, welche Lina heißt, nicht geschaffen!

Heinzeles. Sie behaupten zu viel auf einmal!

Clarissa. Vor allen Dingen müßten Sie ihre Neigung gewonnen haben. So weit können Sie doch unmöglich schon sein?

Heinzeles. So weit? Sie behandeln die Sache zu mathematisch. Fräulein Lina hat sehr freundlich gelacht. Das Lachen sagt viel!

Clarissa. Aber nicht genug. Kurz und bündig: So lange Sie Lina's Neigung nicht gewonnen haben, ist alles Reden müßig. Gewinnen Sie ihre Neigung, so kann es sich nur um eine Heirat handeln, und darnach sehen Sie nicht aus. (Will aufstehen.)

Heinzeles. Eine Secunde noch, würdige Frau, denn Sie sind offenbar würdig. Sie müssen mich näher kennen lernen, dann werden wir leichter mit einander sprechen. Das jetzige Gespräch verliert sich in eine Sackgasse. Näher kennen, näher! Darum handelt sich's. Allerdings, gnädige Frau, bin ich ein leichtes Blut und lebe leicht, aber nicht schlecht, wahrhaftig nicht. Und, wenn ein Engel, wie Lina, neben mir wäre, gnädige Frau, ich fange an überzeugt zu werden — gnädige Frau, ich bin nicht blos gutmüthig, ich bin wirklich ein guter Mensch, ich kann mir denken, daß ich mit einer Lina an der Seite zeitlebens —

Clarissa. Sie denken also an's Heiraten? Gut! Sagen Sie das der Lina und warten Sie's ab. Jetzt wird Sie nein sagen. Werben Sie, wie Jacob —

Heinzeles. Wie kommen Sie bei mir auf Jacob?

Clarissa. Jacob warb lange!

Heinzeles. Sieben Jahre! Damals hatten die Leute nichts zu thun, aber jetzt!

Clarissa. Es wird auch nicht sieben Jahre dauern. Zeigen Sie sich solid!

Heinzeles. Sie kennen das Haus Heinzeles nicht, das solideste!

Clarissa. Zeigen Sie sich treu! Vielleicht kommt einmal die Zeit.

Heinzeles (lachend). Sie sind für lange Wechsel (sprechen leise).

Erwin. Sie wissen, meine Holde, daß ich zum Rückhalt genöthigt war, wegen meiner beinahe achtzigjährigen Mutter, welche eine Verheiratung mit Ihnen nicht gebilligt hätte. Nun, meine Mutter ist bald nach meiner damaligen Rückkehr von Pilsen gestorben. Ich habe sie herzlich beweint und werde sie mein Lebtag vermissen. Aber ihr Tod hat den sogenannten Standesunterschied zwischen uns mit in's Grab genommen; es hindert mich jetzt nichts mehr, Ihnen meine Hand als Gatte zu bieten. Werden Sie mich auch jetzt noch zurückweisen?

Leni. Kein Ungestüm, lieber Freund. Ich kann Ihnen jetzt nicht darauf antworten. Sie bleiben ja noch einige Tage hier. Uebermorgen spiele ich in Fürth, und ich will heute hin, um mir das Theater anzusehen. Fahren Sie mit hinaus?!

Erwin. Mit tausend Freuden! Kommen Sie, Heinzelchen. Sie sind ja gegen Damen stets galant! Wir wollen sogleich ein Coupée belegen!

Heinzeles. Besten Dank, Herr Graf. Ich bedauere unendlich, Sie nicht begleiten zu können. Habe nur noch einige Worte unserer holden Doña zu sagen.

Leni (lächelt).

Erwin. So, so! Nun ich will nicht stören. (Für sich.) Sollte Heinzeles? — Sicher ist sicher! — Die Gelegenheit ist günstig. — Nimm den Augenblick wahr! (Laut.) Auf Wiedersehen also, Fräulein Leni! (Verbeugt sich gegen Clarissa; winkt dem Heinzeles mit der Hand Abschied zu.) (Ab, Mitte.)

Nepomuk (der im Hintergrunde verweilt, und die ganze Scene beobachtet hat). Da geht etwas vor! (Ab, Mitte.)

Clarissa (für sich). Zwei Freier, die mit gleich schwerem Geschütz anrücken. Ich bin begierig, wer Sieger bleibt. — Oder sollten Beide noch der unsichtbaren Macht dieses Kurt weichen müssen? (ab, rechts).

5. Auftritt.

Leni, Heinzeles.

Heinzeles. Mein Fräulein, verzeihen Sie den Muth eines Liebenden. Eine bestimmte Antwort kann ich heute noch von Ihnen nicht erwarten. Aber trotzdem wage ich es zu fragen: Könnten Sie sich wol mit dem Gedanken befreunden, Baronin Heinzeles zu werden?

Lene (lacht). Sie sind vorschnell, Herr Baron. Sie kennen mich ja noch gar nicht. — Uebrigens denk' ich vorläufig noch nicht an's Heiraten. Ich habe nur meinen Beruf vor Augen und leider nicht mit allzugroßen Hoffnungen.

Heinzeles (vergnügt). Oh, die kühnsten Hoffnungen werden sich blitzschnell in Wien erfüllen. Nur bei uns in Wien ist Theaterleben, nur bei uns entwickelt sich ein Talent im Handumdrehen, weil wir Alle, Christen, Juden und Heiden — denn die Letzteren haben wir auch — beitragen durch Rath und That, durch Beifall und Ermunterung. Ich eile jetzt zum Director, um die Lösung Ihres Contractes zu erwirken! (Will abgehen, umkehrend) Nur einen grünen Zweig der Hoffnung sollen Sie mir mitgeben, wenn's auch nur ein Weidenzweig ist, sonst verschmachte ich — ich verschmachte.

Leni. Das werden Sie nicht — auch ohne Weidenzweig. Uebrigens sagen Sie mir doch, kümmern Sie sich um neue Bilder?

Heinzeles. Neue Bilder? Versteht sich. Bin jeden Monat einmal im Künstlerhause und im österreichischen Kunstverein. Man muß ja mitzureden wissen.

Leni. Ist in letzter Zeit nicht ein neuer Maler aufgetaucht des Namens Wetter?

Heinzeles. Wetter? — Donnerwetter kenne ich, gutes Wetter, schlechtes Wetter, aber einen Maler Wetter? Nein! Was soll er denn malen?

Leni. Vorzugsweise Landschaften!

Heinzeles. Nein! Graf Erwin wird es wissen. Also nochmals: Addio mia cara! Ich eile zum Director und bringe Ihnen die Entscheidung (küßt ihr die Hand).

Leni. Auf Wiedersehen also!

Heinzeles (mit einer komischen Geberde ab, Mitte).

Leni (sieht ihm einen Augenblick lächelnd nach: ab rechts).

6. Auftritt.

Nepomuk, dann Leni und Clarissa.

(Die Bühne bleibt einen Augenblick leer.)

Nepomuk (stürzt athemlos, keuchend herein). Leni! Fräulein Leni! Um Himmels Willen, ist sie schon fort? (Sinkt in einen Stuhl.) Die Leni ist verloren, ich bin verloren, Alles ist verloren. (Rafft sich auf; zur Thüre rechts laufend.) Leni, Leni!

Clarissa } (von rechts; erschreckt) Was ist geschehen?
Leni

Nepomuk (von Freude übermannt). Sie sind da, (stammelnd) dann ist nichts geschehen! (unter Thränen lachend) Fräulein Leni, Sie sind gerettet!

Leni. So rede deutlicher! Ich verstehe von alledem kein Wort!

Nepomuk. Wol Ihnen, daß Sie nicht dem Verführer anheim gefallen sind. — Das Benehmen des Grafen Erwin gefiel mir nicht. Ich ahnte, daß er etwas im Schilde führe. Als er an den Bahnhof ging, angeblich um ein Coupée nach Fürth zu bestellen, dachte ich „sicher ist sicher" und ging ihm nach. Auf dem Bahnhof sehe ich wirklich, daß der Herr Graf den Conducteuren viel Geld gab und geheimnißvoll mit ihnen verhandelte. Ich schleiche mich näher und höre die Worte: „Extrazug nach Paris". Damit es nicht auffalle, sollten mehrere Waggons in den Zug eingereiht werden, die in der nächsten Station abgekoppelt werden sollten. — Wie von den bösen Geistern getrieben, eile ich hieher, um zu sehen, ob ich das Unglück noch verhüten könnte und (hervorbrechend) — Gott sei's gedankt — ich habe es verhütet!

Leni (drückt ihm die Hand). Braver Nepomuk! (zu Clarissa gewendet) Was sagen Sie dazu?

Clarissa (entrüstet). O, zu Mittag einen Heiratsantrag und Abends eine Entführung! Das ist ein sicheres Mittel, ein Mädchen zu compromittiren, damit es zum Belieben des gnädigen Herrn vorhanden sei!

Leni (mit fester Stimme). Habe ich nun Recht behalten, daß man eine höhere Bestimmung in sich festhalten muß, auch wenn es arge Schmerzen kostet und zur Verzweiflung führen kann? Nun weiß ich, wofür ich lebe und kann nicht zerflattern! Man hat doch Respect vor sich selber. Nicht wahr?

Clarissa. Ja!

Nepomuk (mit verklärtem Blick, nicht zustimmend).

Leni. Und nun bleib' ich unverrückt bei dem Lebenstraum der kleinen Leni, daß es eine Leiter gibt in den Himmel und daß man hinaufsteigen kann. Kurt hat mir und der seligen Erlaucht zwei Stücke vorgelesen, die mir unvergeßlich sind. Das erste war "Die Braut von Messina". Wie er im letzten Act die entschlossene Verzweiflung des Don Cesar vortrug, da ist es mir wie heiliger Schauer über den Rücken gelaufen, und als ich ihm später diesen Schauer schilderte, da hat er mir gesagt: "Das ist die tragische Höhe, welche vernichtet und doch erhebt". Den Tag darauf las er Grillparzer's "Des Meeres und der Liebe Wellen", und da ist im letzten Acte die Verzweiflung der Hero geradezu über mich hingeströmt, mich in's Herz treffend und mich doch erhebend, daß ich meinte: Das ist das Höchste, das mußt du für's Leben dir erhalten und das mußt du einmal den Menschen darstellen. Die Erlaucht empfand nicht so; aber Kurt und ich, wir waren einig, und diese Empfindung, dieser Drang hat mich zur Bühne getrieben. Jetzt soll's mein Grenzstein werden. Baron Heinzeles will mir ein Debut in Wien verschaffen. Nun gut. Die Hero will ich in Wien spielen, und dies soll über mein Schicksal entscheiden!?

Clarissa. Ja! (reicht ihr die Hand).

(Es klopft.)

Nepomuk (öffnet die Thüre).

7. Auftritt.

Vorige, Erwin.

Erwin (heiter erregt). Nun, theuere Leni, sind Sie bereit? Es ist Zeit zur Reise nach Fürth.

Leni (wendet ihm den Rücken).

Nepomuk (triumphirend). Fräulein Leni ist für den Herrn Grafen nicht zu sprechen!

Erwin (mit dem Fuß aufstampfend). Himmel und Hölle, was ist das?

8. Auftritt.

Vorige, Heinzeles.

Heinzeles (eilig hereinhüpfend). Victoria! Victoria! (Zieht ein Papier aus der Tasche.) Der Contract ist erobert. Hier lege ich das corpus zu Ihren Füßen nieder. Mein Fräulein, was beschließen Sie?

Leni (nachdem sie Clarissa fragend angeblickt. Wir gehen mit Ihnen nach Wien!

Erwin (flehend). Und ich?

Leni. Sie? Sie fahren nach Paris!

Nepomuk (leise kichernd). Per Extrazug!

Heinzeles (ist vorgetreten und küßt Leni huldigend die Hand). (Pantomime.)

Erwin. Heinzelchen, das Schicksal ist ungerecht.

(Vorhang fällt.)

IV. Act.

Salon im „Hotel Lamm" zu Wien. Mitte, rechts und links Thüren.

1. Auftritt.

Clarissa, Nepomuk.

Clarissa. Sie können sich also nicht denken, in welcher Angelegenheit Herr Dr. Wussinah Fräulein Lina zu sich rufen ließ? — Was kann er nur mit ihr vorhaben?

Nepomuk. Nichts Gutes, fürchte ich. Er wird seine Vormundschaft geltend machen, um irgend einen Druck auf Fräulein Leni auszuüben, der Spitzbube!

Clarissa. Seit wann ist Wussinah in Wien?

Nepomuk. Seit dem Tode der hochseligen Erlaucht, da Graf Erwin seinen Intendanten auf Schloß Wartenstein geschickt hat. Er hat schon lange vorher die Absicht gehabt, nach Wien zu gehen. Er wollte an der Börse spielen. Aber er hat sich in seinen Hoffnungen bitter getäuscht. Die großstädtischen Berechnungen hat er doch nicht verstanden, der Hexenmeister!

Clarissa. Und was treibt er gegenwärtig?

Nepomuk. Eine große Kanzlei soll er eröffnet haben, mit zahlreichen Schreibern, wo er Verkaufsgeschäfte mit Landgütern und Herrschaften abschließt. Nebenbei verkauft er aber auch seine Zaubertränke, die er auf Wartenstein gebraut, den Balsam und die untrüglichen Tropfen, die alles Weh der Erde heilen sollen. (Leiser.) O, da wüßte ich noch viel zu —

2. Auftritt.

Vorige, Leni.

Leni (durch die Mitte; heiter). Denken Sie, Frau Clarissa, was mir begegnet ist. Graf Erwin führte mich in's Künstlerhaus, um die Bilder anzusehen. Zum Schluß zeigte er mir eine Landschaft „im Stile Salvator Rosa's", wie er sagte. Man sah ein enges Felsenthal, Steinwände ringsum, auf ihren Spitzen mit dunklem Gesträuch bewachsen. Im Mittelgrunde ein brauner See, im Vordergrunde üppiger Rasenboden. An dem See stand ein Kranich, welcher schlafen mochte, sonst im ganzen Bilde kein lebendes Wesen. „Schauen Sie," sagte Graf Erwin, „wie poetisch mächtig, wie ergreifend in seiner stillen Einsamkeit!" Ich war wunderbar betroffen von dem Bilde. Es war mir, als kenne ich's schon lange, als hätte ich's schon oft gesehen. Da bemerkte ich plötzlich oben in dem dichten Gesträuch auf der Felsenkante eine männliche Figur, die Füße über die Felsenwand herabhängend, in gefährlicher Stellung, kaum erkennbar. „Das ist der Maler," rief ich aus. „Vielleicht," sagte Erwin. „Da unten im Grase ist das nicht ein Buchstabe, ist das nicht ein W.?" „Ungefähr!" — Das ist Kurt, All' das ist Kurt, dachte ich und zitterte am ganzen Körper. Erwin brachte mich an den Wagen. Da fiel mir Wussinah's Brief ein. „Kurt kennt hier Niemand," dachte ich, „und hat sich an Wussinah gewendet, um Nachricht von mir."

Clarissa. Und Sie fuhren zu Wussinah?

Leni. Ja! Aber ich sah mich in meiner Hoffnung getäuscht. Wussinah wollte meine Papiere — wegen meiner bevorstehenden Verheiratung mit dem Grafen Erwin.

Clarissa. Und was sagten Sie ihm?

Leni. Daß ich gar nicht entschlossen sei, den Grafen zu heiraten.

Clarissa. So! — Wie nahm Dr. Wussinah diese Erklärung entgegen?

Leni. Er wollte aufbrausen, aber ich habe dem peinlichen Zusammensein mit diesem Menschen rasch ein Ende gemacht und bin von dannen gegangen.

3. Auftritt.

Vorige, ein Diener.

Diener (durch die Mitte, spricht leise mit Nepomuk).

Nepomuk. Baron Heinzeles läßt fragen, ob er die Ehre haben kann?

Leni. Empfangen Sie ihn, liebe Clarissa!

Clarissa. Ja, was soll ich ihm denn sagen?

Leni. Nichts, liebe Clarissa, als daß mein Kopf und mein Herz mit ganz anderen Dingen erfüllt sind und daß mich die Herren in Ruhe lassen mögen. (Steht auf.)

Clarissa. Auch Graf Erwin?

Leni. Auch er! (Ab rechts.)

Nepomuk (der Leni langsam nachgehend, ab rechts).

Clarissa (zum Diener). Ich lasse bitten.

Diener (mit einer Verbeugung ab. Mitte).

4. Auftritt.

Clarissa, Heinzeles.

Heinzeles (sich gegen Clarissa verbeugend). Nun, was sagen Sie, gnädige Frau. Wie glänzend habe ich Alles für's erste Debut arrangirt! Zwei Hervorrufe nach jedem Actschluß, dazu drei Bouquets und einen Lorbeerkranz. Phänomenaler Erfolg!

Clarissa. Lieber Baron: „Gott schütze mich vor meinen Freunden", dies Wort gilt beim Theater vollständig. Sie haben durch Ihre Cohorte von Klatschern Fräulein Lina beträchtlich geschadet. Das ist leise verstimmend, wenn es anerkannten Bühnengrößen gilt, und es ist geradezu gefährlich und nachtheilig, wenn man neu Auftretende, die ja erst geprüft werden sollen, solchergestalt auszeichnet. Man erkennt daran die vorgefaßte Meinung, welche aufgedrängt werden soll, und man nimmt es übel.

Heinzeles. Ah bah, der Erfolg war ein glänzender; Lina hat als Clärchen außerordentlich gefallen.

Clarissa. Sagen wir, sie hat interessirt. — Aber die Journale sind größtentheils sehr tadelnd in ihrem Urtheil.

Heinzeles. Das sind wenig gelesene Blätter!

Clarissa. Aber sie wollen doch in diesem Falle durchaus gelesen sein. Täglich erhalten wir eine Unmasse von Referaten: ich habe alle Mühe, dieselben vor Lina zu verbergen.

Heinzeles (der in nervöser Aufregung mit der Uhrkette spielt). Nun, der Erfolg als Hero wird Alles wieder wett machen! — Aber warum ist denn Fräulein Lina nicht für mich sichtbar, warum sperrt sie sich ab? Sie hat gestern Abend hinter den Coulissen kein freundliches Wort für mich gehabt; glücklicherweise auch nicht für den Grafen Erwin. Aber mir schwant Unheil. — Mit einem Worte: ich bin zu einer entscheidenden Handlung entschlossen und will Ihren positiven Beistand bei dieser entscheidenden Handlung gesichert wissen. — Umsonst ist der Tod, das weiß ich so gut wie Sie, meine Gnädige. Ein Mann, wie ich, verlangt auch nichts umsonst. Es steht Ihnen also, Frau Clarissa, die höchste Summe zu Diensten! Schlagen Sie ein! Es hat ja doch nichts dauernden Werth, als Geld!

Clarissa (ruhig). Das spricht beredtsam für Ihre Liebe!

Heinzeles. Dummheit! — Pardon! Die „Dummheit" geht auf mich. Streiten wir darüber nicht! Bleiben wir bei der Hauptsache, die höchste Summe biete ich. Fordern Sie ungenirt!

Clarissa. Die Dummheit, Herr Baron, wird für die Handlung, welche Sie vorhaben, das richtige Wort sein. Schämen Sie sich, eine ehrliche Frau bestechen zu wollen! Noch dazu für unmögliche Dinge. Lina ist nicht zu sprechen, bis sie die Hero gespielt hat. Können Sie sich nicht gedulden, was ich Ihnen gar nicht verdenke, denn am Ende nützt Ihnen auch die Geduld nichts —

5. Auftritt.

Vorige, Erwin.

Heinzeles. Sehen Sie, sehen Sie! (Sich zur Thüre wendend; schreiend). Auch das noch!

Erwin (ernst). Was erschreckt Sie so gewaltig?

Heinzeles (erregt). Gleiche Brüder, gleiche Kappen! Obgleich Sie ein alter Graf und ich ein junger, das heißt ein jüngerer Baron bin: wir werden hier alle abgeführt, alter und jüngerer Adel, mit langer Nase, wenn — wenn wir's uns gefallen lassen! (Ab, Mitte.)

6. Auftritt.

Vorige, ohne Heinzeles.

Erwin (sieht dem Heinzeles kopfschüttelnd nach). Ich erfuhr bereits unten, daß Lina nicht zu sprechen sei und wollte diese Gelegenheit zu einer ernsten Unterredung mit ihrer würdigen Freundin benützen. Ich habe Alles für die bevorstehende Trauung vorbereitet und erwarte stündlich die kirchlichen Papiere vom Vormunde des Fräuleins.

Clarissa. Zur Trauung? Besitzen Sie denn Leni's Jawort?

Erwin. Eine bestimmte Antwort hat mir Leni noch nicht gegeben, aber ihre Freundlichkeit hat mich dazu ermuthigt, und auch Ihre immer wolwollenden Aeußerungen haben mich in meiner Zuversicht bestärkt. Ich weiß, daß der endgiltige Bescheid erst nach der Hero=Vorstellung zu erwarten ist; aber das gleichgiltige Benehmen Leni's hat mich doch erschreckt. Ich bin irgend einer Aufmunterung bedürftig und komme, um eine solche von Ihnen zu erreichen.

Clarissa (zögernd). Ich verspreche Ihnen, daß ich in einem gewissen Falle Ihren Wunsch unterstützen werde.

Erwin. In einem gewissen Falle? Was heißt das?

Clarissa (deutet ohne zu antworten auf die Mittelthür, zu der Wussinah hereintritt).

Erwin. Ah, Dr. Wussinah! (Verbeugt sich gegen Clarissa; im Abgehen zu Wussinah.) Sie lassen mich auf das Document warten! (Ab, Mitte.)

7. Auftritt.

Clarissa, Wussinah (gealtert).

Wussinah (im Eintreten zu Erwin). Ich glaube nicht mehr lange, Herr Graf! (Hastig auf Clarissa zuschreitend; mit nervösen Bewegungen.) Sie sind, höre ich, Leni's Freundin! Sie müssen helfen! Wahrscheinlich wissen Sie's bereits, was Leni heute Morgen bei mir gestoh— sagen wir: entwendet hat?

Clarissa (erschreckt). Nein!

Wussinah. Ein Fläschchen mit Gift!

Clarissa (entsetzt). Was?

Wussinah. Gehen Sie zu ihr! Sie soll's auf der Stelle zurückgeben, oder ich rufe die Polizei!

Clarissa. Dabei erfährt die Polizei, daß Gift bei Ihnen zu haben ist!

Wussinah. Machen Sie keine Bemerkungen und keine Umstände. Schaffen Sie das Fläschchen mit der Leni oder ohne die Leni herbei! Ihr Schauspielerinnen seid exaltirtes Volk, ihr könnt in einem Moment das größte Unglück anrichten; denn es ist augenblicklich tödtliches Gift!

Clarissa. Das darf allerdings nicht in Leni's Hand bleiben. Ich werd's ihr abverlangen! Jetzt ist sie nicht da, sie ist zur Probe.

Wussinah. Das ist nicht wahr, sie ist da!

Clarissa. Welche Sprache erlauben Sie sich!

Wussinah. Ach was! (Zur Thüre rechts gehend). Mir selbst wird sie's am ehesten geben!

Clarissa (stellt sich ihm in den Weg). Ihnen am allerwenigsten!

Wussinah (betroffen). Warum?

Clarissa. Weil es nur einen Menschen gibt, den Leni haßt und verabscheut und der sind Sie!

Wussinah (zuckt zusammen und tritt einen Schritt zurück).

Clarissa (nach der Thür sehend). Gehen Sie, gehen Sie, ich höre Leni kommen. Ihr Anblick peinigt sie!

Wussinah (dumpf). Glauben Sie wirklich? (Für sich.) Das dumme Alter macht Einen schwach!

Clarissa. Gehen Sie!

Wussinah (tonlos). Aber das Fläschchen nehmen Sie ihr ab — das Gift! Ich hole mir's! (Ab Mitte.)

8. Auftritt.

Clarissa, Leni.

Leni (von rechts; einen Brief in der Hand, den sie Clarissa übergibt). Da lesen Sie!

Clarissa (lesend). „Die Leni's werden Lina's durch bloße Coquetterie mit vornehmen Männern, denen sie ihre Liebe verschachern. Wenn die wirkliche Probe kommt, wie gestern mit einer Rolle, die sich nicht von selbst spielt, da tritt die Leni vom Dorfe zum Vorschein. Wir rathen zu einer vortheilhaften Heirat, denn mit der Kunst geht's nicht." Pack! Das ist von einer Collegin.

Leni. Ja, ich erkenne sie trotz der verstellten Handschrift, es ist von Maruschka, die jetzt hier engagirt ist.

Clarissa. Die gute Freundin! (Pause.) Lina, ich habe ja gehört, daß Sie ein Fläschchen mit Gift an sich genommen haben. Geben Sie's mir! Ich gehöre mehr zum Lustspiel, für mich ist's unschädlich.

Leni (ist ruhig aufgestanden, sich zum Gehen wendend). Nein! Man soll die Garderobiere holen, wegen einer Aenderung im Costume.

Clarissa. Lina, es ist sündhaft, dergleichen mit sich zu führen!

Leni (im Abgehen, den Kopf zurückwendend). Dann sind auch die meisten Tragödien sündhaft! (Ab links.)

9. Auftritt.

Clarissa (allein).

Clarissa. Diese Antwort ist ja entsetzlich! Was thun, um des Fläschchens habhaft zu werden? (Pause.) Wenn Lina

mit ihrer Hero scheitert, dann ist sie bei ihrer Ueberspannt=
heit im Stande, ihr Leben aufzugeben, das Gift zu trinken.
Es muß ihr durchaus abgenommen werden. Aber wie?
(Sie drückt nach einer Pause auf den Telegraph.)

10. Auftritt.

Clarissa, ein Stubenmädchen.

Stubenmädchen (durch die Mitte). Gnädige Frau be=
fehlen!

Clarissa. Gehen Sie in's Theater; man soll so freund=
lich sein, die Garderobière herzuschicken; es sei eine kleine
Aenderung zu machen im Costume.

Stubenmädchen. Sehr wol. (Will abgehen.)

Clarissa. Noch etwas! Haben Sie heute ein kleines
Fläschchen im Zimmer des Fräuleins gesehen?

Stubenmädchen. Ja, ein blaues Porcellanfläschchen.

Clarissa. Ist es dort liegen geblieben?

Stubenmädchen. Nein, das gnädige Fräulein muß es
eingesteckt haben, es ist weg.

Clarissa. Wenn Sie's wieder liegen sehen, nehmen
Sie's an sich und geben Sie's mir! Das Fräulein hat mir's
aus Muthwillen weggenommen. Aber öffnen Sie's ja nicht,
die Flüssigkeit drinnen ist laugenscharf und macht böse Flecke!

Stubenmädchen. Zu Befehl! (Ab rechts.)

11. Auftritt.

Clarissa, Kurt.

Kurt (durch die Mitte, freudig erregt). Ist sie da, kann ich
sie sprechen?

Clarissa (befremdet). Sie werden sich in der Thüre ge=
irrt haben, mein Herr!

Kurt. Ich habe mich nicht geirrt, wenn anders dies
die Zimmer der Schauspielerin Lina Lauban sind.

Clarissa. Mit wem habe ich das Vergnügen? Ich bin
ihre Freundin Clarissa.

Kurt. Ah, mein Bruder Klaus hat mir von Ihnen
erzählt. Ich komme vom Stein am Bache, das Sie mit

Leni besucht haben, und bin Conrad Wetter, der alte Freund Leni's! Ist sie nicht da?

Clarissa. Ja, sie ist da. (Zögernd) Aber ich möchte ihr etwas Ruhe gönnen; sie ist nervös erregt durch die bevorstehende Hero-Vorstellung, die — wie sie sagt — über ihr Schicksal entscheiden soll. — Ich habe mir den Herrn Kurt viel strenger gedacht.

Kurt (lachend). O, Leni hat übertrieben. Einem jungen Wildfang gegenüber muß man auch die strengsten Anforderungen aufrecht erhalten. Uebrigens habe ich mich selbst gemildert durch künstlerische Praxis. Ich hielt dies Mädchen immer für gefährdet, weil ihr Drang so groß war, daß sie die höchste Form gewinnen mußte, wenn sie nicht unglücklich werden sollte. Ich brach also eiligst auf von Rom, als mir Bruder Klaus Ihren Besuch in meiner Behausung meldete und einen Zettel Leni's beilegte. Wie steht es jetzt mit ihr? Wie steht's mit ihrem tragischen Drange? Hat sie Aussicht, ihn durch Kunstgebilde auszufüllen?

12. Auftritt.

Vorige, Leni.

Leni (erscheint in der Thüre links).
Clarissa (zu Kurt). Da ist sie!
Kurt. Leni! (Breitet die Arme aus.)
Leni. Kurt! (Fliegt ihm an die Brust.)
Kurt (küßt sie auf die Stirne).
Clarissa (will abgehen).
Kurt (zu Clarissa). Bleiben Sie nur da, wir sind kein gewöhnliches Liebespaar!
Clarissa. Ich muß noch einige Anordnungen für den heutigen Abend treffen. (Ab rechts.)

13. Auftritt.

Leni, Kurt.

Kurt. Nun, Leni, jetzt erzähle mir! Wie bist Du denn so schnell nach Wien und an's Stadttheater gekommen?

Leni. Ein Baron Heinzeles und Graf Erwin, die mich in Nürnberg aufgesucht, haben es veranlaßt.

Kurt. Graf Erwin von Wartenstein?

Leni. Ja; er ist ein liebenswürdiger Freund. Einmal hat er mich entführen wollen. Der Extrazug nach Paris war schon bestellt. Aber Nepomuk hat es glücklicherweise noch rechtzeitig entdeckt, und wir haben ihn ausgelacht! Jetzt gibt er sich alle Mühe, es wieder gut zu machen!

Kurt. Dieser Graf Erwin ist also wirklich liebenswürdig?

Leni. Ja, er ist liebenswürdig, aber sein Sinn ist leicht, wie eine Flaumfeder, und mit meiner Kunst hat er eigentlich gar nichts zu schaffen. Wenn ich ihn heirate, dann müßte ich Allem entsagen, was mir die Seele bewegt hat, seit unserer Jugend in Wartenstein.

Kurt. Und das könnte eintreten, meinst Du?

Leni. Ich weiß nur, daß die Hero über mein Schicksal entscheiden wird, sonst weiß ich nichts. Darüber hinaus ist die ganze Welt für mich verschleiert.

Kurt. Ja, ja, das stammt von meiner Lehrer-Dogmatik her in Wartenstein, die durch Dein „Entweder — oder" geboren wurde. Nein, mein Kind, die Welt ist weit und die Kunst ist geschmeidig. Das habe ich in Rom gelernt. Ein Duell zwischen Leben und Tod soll man nicht suchen. Am wenigsten Du sollst es: Wie bist Du, damals die schmächtige Leni von Wartenstein, eine volle, schöne Lina von Wien geworden. Mit Staunen und Bewunderung schaue ich Dich an. Du wirst noch viel Freude schaffen und finden!

Leni (heiter). Auch Kurt, der gestrenge Herr, schmeichelt!

Kurt. Nein, Leni, ich freue mich ehrlich und herzlich, daß Du so schwere Prüfungszeit tapfer und glücklich durchgekämpft hast.

Leni. Du hättest sie mir erleichtern können, harter Mensch. Daß Du mir auf meinem Schmerzensbrief nicht geantwortet, das hat mich am tiefsten gequält.

Kurt. Schmerzensbrief? Ein Brief?

Leni. Den ich Dir von Pilsen geschrieben, bogenlang. Warum ließest Du mich —

Kurt. Ich habe keinen Brief von Dir erhalten?

Leni. O!

Kurt. Wohin hast Du den Brief adressirt?

Leni. Nach Stein am Bache bei Stein am Berge.

Kurt. Jede Zeile, so adressirt, ist an mich gekommen durch Sorgfalt meines Bruders Klaus. Wer hat ihn auf die Post gebracht in Pilsen?
Leni. Nepomuk.

14. Auftritt.

Vorige, Nepomuk.

Nepomuk (durch die Mitte, als er Kurt erblickt, heftig erschreckend).
Kurt. Tritt näher, Nepomuk.
Nepomuk (mit unsicherem Schritt vortretend, den Kurt scheu anblickend). Was befehlen?
Kurt. Hast Du in Pilsen einen Brief des Fräuleins auf die Post tragen sollen?
Nepomuk. Einen Brief? — O ja!
Kurt. Hast Du das redlich gethan? — Antworte!
Nepomuk. Natürlich!
Kurt. Wem hast Du ihn übergeben?
Nepomuk. Niemand — Niemand! In den Briefkasten habe ich — habe ich ihn geschoben!
Kurt. Der Brief hatte ja keine Marke!
Nepomuk. Keine? Das weiß ich nicht mehr!
Kurt. Wir sprechen weiter darüber!
Nepomuk (ab, Mitte).

15. Auftritt.

Kurt, Leni.

Kurt. Ich traue Deinem Nepomuk mit dem Briefe nicht; ich traute ihm überhaupt nicht. Er war verliebt in Dich, als Du kaum erwachsen warst und er steckt voll Bosheit und Tücke.
Leni. O, Du bist gegen ihn eingenommen, weil er ein Czeche ist.
Kurt. Ich habe kein Vorurtheil gegen den czechischen Stamm. Im Gegentheil! Das ist ein Volk voll Kraft und Talent, ein geradezu bevorzugter slavischer Stamm. Aber mitten unter uns Deutsche geworfen und neuerdings durch

nationale Eiferſucht aufgeſtachelt, haben ſie Neigungen und
Züge in ſich entwickelt, welche ihren Kern beſchädigen. Wir
hätten poſitiv germaniſiren ſollen, wie es Kaiſer Joſef wollte
und wie man es in Deutſchland conſequent gethan. — Jetzt
haben ſie ſich in eine Feindſeligkeit gegen uns hineingeeifert,
welche Dienſtleute, wie dieſen Nepomuk, vergiftet. — Kurz,
ich bin der Meinung, der Burſche hat Deinen Brief in
Pilſen unterſchlagen. —

Leni. Welchen Grund könnte er nur dafür gehabt haben?

Kurt. Vielleicht aus Eiferſucht. Er hat mich immer bös=
willig angeſehen neben Dir. Ich werde verſuchen, der Sache
auf den Grund zu kommen, Du aber, Lina, wirſt gut thun,
einen anderen Diener aufzunehmen. Der Schaden, welchen
der Verluſt dieſes Briefes angerichtet, iſt für uns Beide
empfindlich. Ich hatte auf Briefe von Dir gerechnet und
gehofft. Ich wollte Stufe für Stufe Deiner Ausbildung
folgen und ſie mit Rath begleiten, ich wollte Dir nahe
bleiben, denn mein Herz war ſtets bei Dir. So muß ich
mich nun ganz von Deiner Kunſt überraſchen laſſen!

Leni. Und mir iſt angſt und bang vor dieſer Ueberraſchung.

Kurt. Sei ruhig, Leni; ich habe Dich geſtern geſehen!

Leni (erſchreckt). Was? Nein!

Kurt. Und Du haſt mir gefallen!

Leni. Um Himmels Willen, nein! Gefallen habe ich
Dir? Das iſt ja noch ſchlimmer, denn ich habe ſchlecht
geſpielt. Dann erwarteſt Du alſo gar nichts von mir. O,
Kurt, das iſt traurig!

Kurt. Liebes Kind, Du haſt eine wahre Fähigkeit, aus
jeder Pflanze Gift zu ſaugen. So treibſt Du 's auch mit
der Kunſt. Laſſ' ihr doch Zeit! Laſſ' ihr doch Zeit! Zur
tragiſchen Kunſt iſt der Weg der weiteſte, und es gibt ja
nicht nur eine tragiſche Kunſt.

Leni (erregt). Nein, ich könnte mich auch komiſch aus=
bilden! (ruhiger.) Du kennſt das Theaterweſen nicht und weißt
nicht, was eine einſtudirte Rolle bedeutet. Ich habe dieſe
Rolle als Anfängerin in Pilſen eingelernt und geſpielt, und
ſie bleibt mir ſo auf dem Halſe, wie ich ſie mir damals
angezogen habe. Man wird ſolch' Eingelerntes nicht mehr
los. Es iſt alſo geradezu ſchrecklich, daß Du mich danach
beurtheilſt.

Kurt. Das thue ich ja nicht. Ich warne Dich nur vor übertriebener Anforderung an Dich selbst. Du magst der tragischen Aufgabe zustreben, sollst aber nicht verlangen, daß Du sie in einer so kurzen Laufbahn, wie sie hinter Dir liegt, schon ganz lösen könntest. Das tragische Moment ist furchtbar groß und wird nur vom seltensten Genie erreicht. Es ist der ewige Schmerz der Creatur, welchen der Künstler siegreich ausströmt. Siegreich! Denn indem er ihn mit voller Macht äußert, beweist er, daß er über ihn erhaben ist. Er bringt uns zum Bewußtsein, daß jegliches Menschenthum vom Schmerze ausgeht und zum Schmerze zurückkehrt. Die Geburt ist Schmerz, der Tod ist Schmerz; wir gehen ein und aus durch Schmerz. Der tragische Künstler führt dies menschlich Unvermeidliche, den Schmerz, bis zum Aeußersten vor unsere Seele, und weil er dies begeistert thut, erhebt er uns über die Erde. Wir fühlen durch ihn, daß es eine Fähigkeit gibt, welches über alles Erdenweh hinausreicht, und dies ist der künstlerische Triumph des tragischen Schauspielers. Kannst Du wirklich glauben, daß solch' ein Triumph auf kurzem Wege erreichbar sei? Warte in Bescheidenheit ab, wie weit der Genius reicht, welcher Dir beschieden ist, und zerstöre nicht schöne Anlagen durch ungeduldiges Einstürmen.

Leni (nach langer Pause). Das erreiche ich nicht! (Reicht ihm die Hand.) Ich muß allein sein! Auf Wiedersehen! (Ab, links.)

Kurt (sieht ihr eine Zeit lang kopfschüttelnd nach). (Ab, Mitte.)

16. Auftritt.

Clarissa, dann Kurt, Nepomuk.

Clarissa (von rechts). Alles drängt sich zusammen auf diesen einen Tag. Dieser Kurt scheint ihr wieder Vorwürfe gemacht zu haben. Leni wird nicht Stand halten; sie muß unterliegen. Und das Gift ist immer noch in ihren Händen. Wer kann da helfen?

Kurt
Nepomuk } (durch die Mitte).

Kurt (hat den Nepomuk am Kragen gepackt und führt ihn vor sich her). Holla! Bursche. Was sind das für Briefe?

Nepomuk (der am ganzen Körper zittert, läßt zwei Briefe, die er in Händen gehalten, fallen).

Kurt (die Briefe aufhebend). Das ist Leni's Handschrift. Du hast also jenen Brief unterschlagen! Warum, Schlingel?

Nepomuk (stammelnd). Vergessen!

Kurt (den zweiten Brief betrachtend). Und das ist ja ein Umschlag für lauter Banknoten. Bist Du so reich?

Nepomuk. Gehört dem Fräulein!

Kurt. Gestohlen also?

Nepomuk. Vom Grafen Erwin.

Kurt. Bestechung?! Du entpuppst Dich nicht übel. Sei des Lohnes gewärtig. (Zu Clarissa, leiser.) Man muß der Sache ein Ende machen!

Clarissa. Ja, ja. Nur nicht gleich. Nur die Hero wollen wir vorüberlassen. Seien Sie nur sanft gegen Lina. Sie hat noch viel durchzufechten!

Nepomuk (ist zusammengebrochen, winselnd) O Gott, Gott! Ich ein Dieb, ein Betrüger!

Kurt (nachdem er Nepomuk mit Mitleid angesehen). Nun sag' mir ehrlich, Nepomuk, wie kommt das Geld in Deinen Besitz?

Nepomuk. Ich will Ihnen Alles erzählen, Herr Wetter. Nur sagen Sie der Leni nichts, sie darf nicht aufgeregt werden. Ich will Ihnen Alles erzählen, (weinend) aber glauben Sie nicht, daß ich ein Betrüger bin. Retten wollt' ich die Leni vor dem Abgrund! Gott weiß es, daß ich nie die mindeste Absicht gehabt —

Kurt. Laß' den lieben Gott in Ruhe, ich glaube Dir ja ohne ihn, und lobe Dich, weil Du Deine Herrin offenbar bewahren wolltest vor einem Geschenke. Bleib' immer so brav und treu gegen sie und setze dem Neide, der in euch Allen steckt und der in Bezug auf Leni faustdick in Dir steckt, setze ihm die Brust und halte ihn nieder. Fräulein Leni wird Dich nicht fortschicken und Du wirst sie auch ferner anbeten. Aber schicklich, Nepomuk, hörst Du, schicklich!

Nepomuk (unter Thränen lachend). Tausend Dank! (küßt dem Kurt die Hand).

Clarissa (die sinnend dagestanden). Herr von Wetter, darf ich Sie eine Viertelstunde in Anspruch nehmen? — Ich muß Ihnen eine Entdeckung machen (deutet nach der Thüre rechts).

Kurt (läßt Clarissa vortreten, ab, rechts).

Clarissa (ab, rechts).

17. Auftritt.

Nepomuk, Wuffinah.

Nepomuk (steht einen Augenblick allein, sich die Thränen trocknend).

Wuffinah (durch die Mitte; herrisch zu Nepomuk). Hinaus, Junge!

Nepomuk (dreht sich erschrocken um; blickt den Wuffinah entsetzt an).

Wuffinah. Hinaus, hab' ich gesagt!

Nepomuk (bemerkt Leni, welche eben zur Thüre links eintritt und ihm eine hinausweisende Geberde macht, und geht ängstlich durch die Mitte ab).

18. Auftritt.

Wuffinah, Leni.

Leni (welche von links eingetreten). Welch' ein Betragen erlauben Sie sich in meiner Wohnung?

Wuffinah (in gedämpftem Ton). Du wirst sogleich —

Leni. Was? Ich habe Ihnen diese vertrauliche Anrede schon einmal untersagt.

Wuffinah. Geduld, Geduld! (schüchtern) Nur eine kleine Geduld! Ich habe Wichtiges zu sagen. Erstens das Fläschchen. Ich muß es wirklich haben!

Leni (macht eine scharf ablehnende Armbewegung).

Wuffinah. Nun, ich will es erklären, warum ich ein Recht habe, das Fläschchen von Dir zu verlangen, und warum ich ein Recht habe, Dich vertraulich „Du" zu nennen. — Ich habe das Recht dazu, denn ich bin nicht nur Dein Vormund, ich bin (hält inne)

Leni (scharf). Was sind Sie?

Wuffinah. Ich bin — bleibe ruhig, Leni — ich bin Dein Vater!

Leni. Sind Sie verrückt?

Wuffinah. Nein, ich bin ganz klar bei Verstande, liebes Kind, indem ich dies sage. Ich besitze eine halbe Million Gulden, und Du erbst sie, wenn ich sterbe.

Leni (sieht ihn mit großen Augen wie traumverloren an).

Wussinah (mit matter Stimme). Du zitterst ja. Setze Dich nieder, ich muß mich auch setzen, denn ich bin angegriffen und habe Dir länger zu erzählen.

Leni (läßt sich auf einen Stuhl sinken und verhüllt ihr Gesicht).

Wussinah (nachdem er nach Fassung gerungen). Rege Dich nicht unnütz auf, Leni. Die Sache ist ohnehin reif und ich wollte sie heute noch dem Grafen Erwin erzählen, da er Dich heiraten will. Du wirst Gräfin Wartenstein, und deshalb sage ich: Die Sache ist reif. Höre meine Rechtfertigung an! Als ich Deine Mutter kennen lernte, war ich blutarm und mein Chef hätte mich zu allen Teufeln gejagt, wenn er erfahren, daß ich ein Verhältniß mit einer Schauspielerin gehabt. Als ich nicht mehr arm war, habe ich gründlich für Dich gesorgt. Ich habe den Fuhrmann gedungen, welcher Dich in unseren Wald brachte, ich habe Dich nach Wartenstein zur Gräfin geführt und Dir eine glänzende Unterkunft verschafft. Diese wäre Dir nur geschmälert worden, wenn ich als Vater hervorgetreten wäre. Jetzt erst ist Zeit dazu, und jetzt erkenne ich Dich an.

Leni (ist aufgestanden und stürzt mit einem lauten Aufschrei zusammen).

Wussinah (will auf sie zueilen, um sie zu stützen).

19. Auftritt.
Vorige, Clarissa, Kurt.

Kurt (kommt mit Clarissa von rechts und faßt den Wussinah im Augenblicke, da er auf Leni zugeht, an der Schulter). Verlassen Sie dies Zimmer! Sie sehen, daß Ihre Gegenwart Entsetzen erregt.

Wussinah (blickt Kurt mit schlaffen Gesichtszügen, wie fragend an).

Kurt. Zögern Sie nicht. Was Ihnen auf Ihre Reden zu antworten ist, werden Sie durch mich erfahren. (Führt den Wussinah zur Mittelthüre hinaus).

20. Auftritt.
Leni, Clarissa, Kurt, Nepomuk.

Nepomuk (kommt gleich nach dem Abgange Wussinah's ängstlich herein, die ganze Scene mit dem Ausdruck des Entsetzens betrachtend).

Leni (stöhnend). Er mein Vater, der meine Mutter schmählich verlassen und verleugnet — ihr Mörder!

Kurt (sanft). Sage nicht zu viel! Es ist übel genug, was er gethan oder unterlassen. Fasse Dich. Das Unwürdige trifft uns nicht, wenn wir's nicht berühren. Das Unglück —

Leni. Ja, das Unglück ist's. Es ist mit mir geboren, es ist mein Schicksal!

Kurt. Du sagst zu viel! Hartes trifft uns Alle! Wie wir's tragen, das ist unser Verdienst und unsere Schuld! Fasse Dich!

Clarissa. Augenblicklich wird die Erschütterung zu stark sein für Ihre sonst nicht geringen Kräfte. Sie werden heute nicht spielen können. — Ich gehe, die Absage zu bestellen!

Leni (hat sich erhoben und steht kerzengerade, regungslos; Pause). Nein! Ich werde die Hero spielen. Mein Schicksal soll sich erfüllen!

(Vorhang fällt.)

V. Act.

Hinter den Coulissen des Stadttheaters. Arbeiter sind mit Tragen von Coulissen und Versatz=Stücken beschäftigt. Die Scene ist lebhaft bewegt. Der ganze Act im raschesten Tempo.

1. Auftritt.

Heinzeles (allein).

Heinzeles (im Monolog, von rechts). Nein, Heinzeles, es ist ein Unsinn. Wenn sie dir auch in den Wagen einsteigt, wenn sie sich auch die längere Fahrt nach Floridsdorf gefallen läßt, weil alle Straßen umgepflastert würden, in den Eisenbahnzug geht sie dir doch nicht. (Pause) Wenn auch! Eine falsche Börsennachricht macht doch Effect, wenn auch einen kurzen; du machst doch Effect, auch wenn sie nicht in den Extrazug einsteigt, sondern umkehrt. Und das wird nicht nur ein Effect, das wird ein Eclat. Die Zeitungen sind für dich, sie stellen's dar, als hätte sie dir doch Veranlassung gegeben zu solchem Wagniß, und dadurch kann die Sicherheit des Grafen Erwin erschüttert werden. Jedenfalls werden die Zeitungen sagen: Er ist wirklich ein Baron! Nochmals Punktum!

2. Auftritt.

Heinzeles, Nepomuk.

Nepomuk (kommt von links; sich den Kopf mit den Händen haltend, wie geistesabwesend).

Heinzeles. Nepomuk, hieher! Graf Erwin hat in Nürnberg eine kleine Entführung arrangirt. Du kannst ihn nicht leiden und hast ihn verrathen. Würdest Du mir wol helfen?

Nepomuk (will abgehen). Ja doch, ja doch!

Heinzeles. Führe also das Fräulein nach der Vorstellung zu meinem Wagen!

Nepomuk. Ja doch, ja doch!

Heinzeles (vergnügt). Hier hast Du hundert Gulden. Wenn es gelingt, mehr!

Nepomuk. Ja doch! Ja doch! (Steckt in der Zerstreutheit die Banknote ein. Mitte ab.)

3. Auftritt.

Heinzeles, dann Erwin.

Heinzeles (sich die Hände reibend) So, das wäre abgemacht! Er führt sie zu meinem Wagen und dann geht's ventre à terre nach Floridsdorf! Graf Erwin sitzt unterdessen beim Verlobungsschmaus! (Im Abgehen, einhaltend.) „Vernunft fängt wieder an zu sprechen." Vernunft! Sie bleibt dabei: 's ist ein Unsinn. — Nun denn, schließen wir einen Compromiß. Wenn sie im Wagen merkt, daß die Sache nicht richtig ist; und wenn sie schreit — das ist möglich und soll gebräuchlich sein — so bringst Du sie eben in's Hôtel, hast aber doch eine Rolle gespielt! Bravo, Baron!

4. Auftritt.

Heinzeles, Erwin.

Heinzeles. Ah, Herr Graf! Sie kommen zu früh. Unsere Doña ist noch nicht zu sprechen. Wir werden uns wol bis zum Schlusse des nächsten Actes gedulden müssen. Trösten wir uns gegenseitig so gut es eben geht! Ich will jetzt ein wenig in meine Loge. Wie verhält sich das Publicum?

Erwin (zögernd). Es hatte bis jetzt noch keinen Anlaß zu lautem Beifalle.

Heinzeles. So! So! Also gehen wir! Gehen wir!

Erwin (im Abgehen). Sie kommen doch heute Abends zu unserem Bankette, Heinzelchen?

Heinzeles. Gewiß, Herr Graf. Ich hoffe, sehr lustig zu sein! (Ab.)

5. Auftritt.

Zahlreiche Statisten treten auf; die Thätigkeit der Theaterarbeiter wird lebendiger.

Director, Clarissa, Feldwebel, Kurt.

Kurt (schnell von links). Wo ist Leni? Ich muß mit ihr sprechen!

Director. Keine Zeit! Der zweite Act beginnt sogleich!

Kurt (zu Clarissa). So sagen Sie ihr, Frau Clarissa, sie soll sich ein Herz fassen, soll mehr Athem nehmen und nachdrücklicher sprechen. Sie verdirbt sich ja durch Zaghaftigkeit des Tones die ganze Rolle. Sagen Sie ihr das; ich komme wieder. (Schnell ab.)

6. Auftritt.

Vorige (ohne Kurt).

Director (dem Theaterfeldwebel winkend). Haben Sie den dort abgehenden Herrn genau betrachtet?

Feldwebel (vortretend). Ja, Herr Director.

Director. Werden Sie ihn wieder erkennen, wenn er noch einmal hieherkommt?

Feldwebel. Gewiß!

Director. Er darf durchaus nicht mehr auf die Bühne gelassen werden. Widersetzt er sich, so brauchen Sie Gewalt!

Feldwebel. Zu Befehl! (Ab.)

Director (zu Clarissa). Dies fehlte uns gerade noch, daß Jemand in so barschem Tone in sie hineinredet während der Pause.

Clarissa. Sie ist ohnehin so überreizt, daß ich nicht darauf schwören möchte, sie werde ihre Rolle zu Ende spielen.

Director. Warum nicht gar! (Ab.)

7. Auftritt.

Clarissa, Nepomuk, Heinzeles.

Clarissa (setzt sich auf ein Requisit, den Kopf mit den Händen stützend).

Nepomuk (lugt durch die Coulissen hinaus auf die Bühne).

Heinzeles (von rechts; für sich). Teufel, sehr begeistert scheint das Publicum nicht zu sein. Wenn das am Ende noch ein Fiasko gibt! (Zu Nepomuk.) Nun, Schlingel, wie viel ist vorbereitet?

Nepomuk (schaut ihn fremd an, ohne zu antworten).

Heinzeles (gereizt; mit gedämpfter Stimme). Kerl, wofür habe ich Dir denn hundert Gulden gegeben?

Nepomuk (greift in die Tasche und gibt ihm die Banknote).

Heinzeles (die Banknote nehmend; nach links gehend). Schafskopf!

8. Auftritt.

Vorige, ein Schauspieler.

Schauspieler (im Costüme des Oberpriesters; auf die Banknote deutend, zu Heinzeles). Für den Bau?

Heinzeles. Nein!

Schauspieler (nähert sich Clarissa). Es geht besser, gnädige Frau, sie nimmt den Ton voller.

Heinzeles (Clarissa bemerkend; für sich). Man könnte jetzt doch noch einmal versuchen, die Dueña zu gewinnen. (Geht auf Clarissa zu, bleibt dann unentschlossen stehen und sieht abwechselnd den Oberpriester und Clarissa an.)
Clarissa (sieht ihn kopfschüttelnd an).
Schauspieler (lächelt über Heinzeles).

9. Auftritt.
Vorige, Maruschka.

Maruschka. Ah, guten Abend, Baron! Das wird da draußen eine dünne Geschichte. Ich gehe nach Hause!
Schauspieler. Sie sind unruhig wegen des möglichen Erfolges?
Maruschka. Möglicher Erfolg? Sehr unwahrscheinlich!
Clarissa. Edelste Maruschka! Ihren schönen Brief heben wir auf zur Belehrung.
Maruschka. Brief? Was für einen Brief?
Clarissa. (Ein Papier aus der Tasche ziehend.) Diesen!
Maruschka. Lassen Sie mich in Ruhe, Sie Schmeichlerin. Ist's lobenswerther, wenn man der Primadonna Tag und Nacht schön thut oder wenn man ihr ehrlich einmal die Wahrheit sagt?!
Clarissa. So ehrlich, wie dankbar!
Maruschka. Dankbar?! Sie hat mir ja gar nichts genützt. Der „unparteiische" Director, bei dem die Kunst nach —

10. Auftritt.
Vorige (ohne Schauspieler), Director.

Director (ergänzend). Brot geht!
Schauspieler. (Ab.)
Maruschka (schnippisch). Nein, nur nach Geld geht, hat meinen Contract doch nicht erneuert.
Director. Ich sehe, daß ich recht gethan!
Maruschka. Nichts sehen Sie! Sie sehen mich überhaupt gar nicht an. Andere Leute finden, daß ich des Ansehens

werth bin. Unbegreiflich! Sie haben doch so helle Augen! Sollten diese nicht entdecken, daß ich Vorzüge habe?

Director. Ganz massive!

Maruschka. Also, Sie wollen nicht?

Director. Nein!

Maruschka. Nun, so bin ich froh, dieser Dressir= Anstalt zu entrinnen. (Für sich.) Die „große Tragödin" soll was erleben! (Nickt Heinzeles freundlich zu; summend). S'ist mir Alles eins, s'ist mir Alles eins, ob ich a Geld hab' oder kein's!

Heinzeles (ihr nachsehend). Das glaub' ich nicht! (Zum Director.) Sie ist nicht ohne Naturell, diese Böhmin. Das sollten Sie nicht übersehen, kalter Director!

Director. Keine Schauspielerin!

Heinzeles. Nun, als „derbe Naive" aber doch sehr verwendbar.

Director. Mehr derb, als naiv.

11. Auftritt.

Vorige, Aurikel.

Aurikel (in größter Eile). Herr Director, Herr Director!

Director. Was gibt's? Ruhe, Jüngling, Ruhe!

Aurikel. Der Herr Regisseur lassen fragen, was zu thun sei, wenn —

Clarissa (erschrocken). Wenn?

Aurikel. Wenn Fräulein Lina nicht weiterspielen kann?

Director. Ist was passirt?

Aurikel. Noch nicht. Aber Fräulein Lina sitzt in der Coulisse und gibt auf alle Fragen des Regisseurs keine Ant= wort. Sie starrt auf die Scene hinaus, zittert am ganzen Körper und das Requisit, welches sie in der Hand hält, der Krug, wankt hin und her, er wird noch fallen und zer= brechen —

Director (zu Clarissa). Was thun?

Clarissa. Zu thun ist nichts. Abwarten! Sie spielt gewiß, bis sie umfällt. Daß sie sich in die Coulisse setzt und dem Stücke genau folgt, ist sogar ein gutes Zeichen. So vertieft sie sich in den Gang der Handlung und vergißt sich selbst. Nur soll man sie nicht aufregen. Sie muß durchaus geschont werden!

Director. Basta! Die Schauspieler werden mit ihren nervigen Aufregungen die ältesten Leute. Ab, Aurikel!

Aurikel (ab links).

Director (zu Heinzeles). Herr Baron wünschen!

Heinzeles. Auch ab! geht auch ab! (Für sich.) Ein so gebrechliches Wesen ist kaum fähig für einen Extrazug. Man müßte den Arzt mitnehmen! (Ab, rechts.)

Clarissa } (ab, links).
Nepomuk

12. Auftritt.

Director, Wussinah.

Director. Oh, Herr Doctor! Wie kommen denn Sie in's Theater. Das ist das erste Mal, so viel ich weiß. (Ihn betrachtend). Was ist's denn? Sind Sie krank! Sie sehen ja ganz verändert aus.

Wussinah. Matt bin ich, und s'ist wahr: seit meiner Jugend bin ich in kein Theater mehr gerathen. Aber das Auftreten meiner — das Fräulein Lina wollte ich heute doch anschauen. Es war kein Platz mehr zu haben; da wollte ich anfragen; eine Loge ist leer; man sagt mir, es sei die Directions=Loge. Könnte ich vielleicht —

Director. Sehr gern, Herr Doctor! (Zu einem Diener.) Führen Sie den Herrn in meine Loge!

Diener } (ab rechts).
Wussinah

13. Auftritt.

Director, Erwin.

Director. Nun, Herr Graf, wie geht's draußen?

Erwin. Vortrefflich, Herr Director! Lina steigt von Act zu Act! Die innere Stimmung der Hero kam ohne Aufwand und doch klar zum Ausdruck, so klar, daß Jedermann den Athem anhielt. Das Publicum war ganz still und schaute nur auf sie. (Man hört Applaus.)

14. **Auftritt.**

Vorige, Leni, Heinzeles, Wuſſinah.

Leni (im Coſtüm der Hero tritt erschöpft aus der Couliſſe).
Director. Das Publicum ruft Sie! Sie müſſen danken.
Leni (macht eine verneinende Geberde).
Schauspieler (zieht Leni wieder in die Couliſſe).
(Der Applaus wird ſtärker.)
Erwin (freudig). Ein voller, ganzer Erfolg!
Director. Ja, ſie ſpielt mit wahrer Empfindung.
Leni (erſcheint wieder).
Erwin
Heinzeles } (drängen ſich zu Leni).
Wuſſinah
Erwin. Meine herzlichſten Glückwünſche!
Heinzeles. Ach, ich bin in Ekſtaſe!
Wuſſinah (mit unterdrückter Stimme). Leni!
Leni (macht eine abweisende Geberde; für ſich). Kurt kommt nicht! Wie wenig muß ich genügen. (Geht nach rückwärts ab.)
Director (ab).
Erwin (zu Heinzeles). Wiſſen Sie, oder richtiger, ahnen Sie, was dies wunderbare Geſchöpf über uns beſchließen wird, Heinzelchen?
Heinzeles. Nein.
Erwin. Ich beginne auch allmälig zu zweifeln. — Was iſt denn nur dieſem alten Dickmäuſer da, dem Wuſſinah, paſſirt, der bisher nur ihr mürriſcher, hartherziger Vormund war. Er kriecht ja ganz kläglich umher und ſcheint völlig aufgelöſt zu ſein vor Rührung und Ergriffenheit. Das Mädchen verrichtet wahrlich Wunder mit ihrer Kunſt.
Heinzeles (blickt ohne zu antworten in's Leere).
Erwin (ſieht ihn einen Moment lächelnd an). (Ab.)
Heinzeles (für ſich). Was iſt Dir, Heinzeles? Wo biſt Du? Biſt Du ein Narr? Ja! Wenigſtens wirſt Du einer mit Deinem Extrazuge!

15. Auftritt.

Man hört starken Applaus, dann Zischen und Pfeifen; der Applaus verstummt einen Augenblick und wird dann stärker.

Erwin, Clarissa, Nepomuk, Wussinah' Director, Aurikel, Schauspieler, Diener, Statisten (stürzen von verschiedenen Seiten auf die Bühne, alle heftig gesticulirend).

Heinzeles (wird von einer Stelle zur anderen geschoben und geht schließlich nach dem Hintergrund).

Alle (durcheinander). Kabale! Maruschka! Intrigue!

Erwin (vortretend, zornig). Fräulein Lina spielt nicht weiter!

Director.
Schauspieler. } Oho! Oho!

16. Auftritt.

Vorige, Leni.

Leni (mit fliegenden Haaren; alle machen Platz).

Erwin. Sie dürfen nicht weiterspielen, bei so unwürdiger Behandlung. Es sind nur ein paar Anhänger neidischer Schauspielerinnen, welche den Unfug begangen haben.

Leni (halblaut). Nein, nein es ist mehr! Kurt kommt nicht. Es ist kein Zweifel, die Widersacher haben Recht!

Erwin. Ich habe einen dieser sauberen Herren aus unserer Prosceniums-Loge hinausgeführt. Der erbärmliche Patron ist ausgerissen.

Aurikel. Man hat auch das Parterre gereinigt.

Erwin. Aber das genügt nicht; eine Lina spielt nach solchem Affront nicht weiter!

Director. So denkt eine Künstlerin, wie Fräulein Lina nicht. Sie vollendet ihr Kunstwerk, ob auch Hunde bellen!

Leni (sieht noch einmal nach der Thüre, blickt dann den Director stumm an, winkt mit dem Kopfe und macht eine große, entschlossene Bewegung; will abgehen).

Alle (treten zurück; nur):

Wussinah (tritt zu Leni; mit leiser, vibrirender Stimme). Leni, Du hast den Ton Deiner Mutter —

Leni (zuckt heftig zusammen).

Wussinah. Du hast die garstige Rinde von meinem Herzen gesprengt, „Sünder, der Du bist", habe ich zu mir gesagt, „wie thöricht hast Du gehandelt, indem Du Dein Herz verhärtet hast." Leni! Mein Kind! Der Ton Deiner Mutter ist in mein schlechtes Herz gedrungen, wie Glockenklang aus meiner Jugend. So verwandle auch Deinen Zorn, deinen gerechten Zorn in Vergebung für einen reuigen Sünder, von dessen Blute doch Atome in Deinen Adern kreisen; (sie umfassend); nimm mich auf als Deinen zerknirschten Vater!

Director. Herr Doctor! Ich bitte sich zu entfernen. Fräulein Lina muß auf die Bühne, der Vorhang geht auf.

Wussinah (beachtet den Director nicht und hält Leni umklammert).

Director. Den Mann mit Gewalt abführen! (In die Coulisse rufend.) Aufziehen lassen!

Diener (nimmt Wussinah mit beiden Händen an den Schultern und befreit Leni von ihm)

Leni (geht in die Coulisse).

(Man hört Applaus)

Erwin.
Heinzeles.   } (Ab.)
Schauspieler.

Clarissa (schnell zu Wussinah). Hat Sie es Ihnen gegeben?

Wussinah (mit verneinender Bewegung ab).

17. Auftritt.

Director, Clarissa, Nepomuk, Aurikel.

Director. Was?

Clarissa. Das Gift.

Director (erschrocken). Fräulein Lina hat Gift bei sich?

Clarissa. Ja! Sie ließ eine Tasche dafür im Costüme anbringen.

Nepomuk (zuckt heftig zusammen; zitternd näher kommend). Um Himmels Willen, sie stirbt!

Director. Den Teufel auch), das ist gefährlich! Das ist etwas Anderes, als wenn Schauspieler bei heiler Haut von Selbstmord prahlen. Der echte Schauspieler inmitten seines Spieles ist wirklich ein poetisches Wesen und im Stande,

Alles thatsächlich mitzufühlen, was der Dichter erfindet und im Anstürmen seiner Gedanken und Gefühle tödtet er sich. Aurikel hieher!

Aurikel (tritt vor).

Director. Rufen Sie die Janthe, rufen Sie Fräulein Wallberg her zu mir, rasch.

Aurikel (mit ängstlichen Geberden ab).

Director. Da ist offenbar Lebensgefahr! Denn Lina ist eine echte Künstlerin, das haben wir eben erfahren; sie hat ersichtlich Kummer und ist in tiefster tragischer Erregung. Sie ist des Aergsten fähig, und das kann eintreten, wenn Hero stirbt.

18. Auftritt.

Vorige, ohne Aurikel, eine Schauspielerin (im Costüme der Janthe).

Director. Kommen Sie, kommen Sie, Janthe! Hören Sie zu, aber schreien Sie nicht. Lina hat ein Giftfläschchen in der Tasche. —

Schauspielerin (macht eine Geberde des Entsetzens).

Director. Still! Es ist möglich, daß sie's herauszieht dort auf der Tempelstiege, welche eben gebaut wird, wenn sie ihr letztes Wort spricht —

Schauspielerin. Jesus!

Director. Nicht schreien! Möglich, sage ich, denn Lina ist ehrlich exaltirt, wie Ihr's alle nicht sein könnt. Greift sie nach der Tasche, Wallberg, dann halten Sie ihre Hand fest! Sie sind ja eine starke Person. Erweist sich Lina stärker als Sie, dann schreien Sie wirklich. Dann kommen wir Alle! Courage, Wallberg. Ohne Nerven!

Schauspielerin (ab).

Nepomuk. Ich hole einen Geistlichen. Da kann nur Gott noch helfen! (Ab.)

19. Auftritt.

Director, Clarissa.

Director (zur Coulisse tretend). So habe ich die Hero noch nie spielen sehen. Ich weiß nicht, ob sich mit so echtem Schmerz das Weiterleben verträgt!

Clarissa. Man hätte sie nicht spielen lassen sollen. Es wird ein furchtbares Ende nehmen!
Director. Still! Der entscheidende Moment ist da.
Leni (hinter der Scene) Leander!!!
Director. Sie stürzt; die erschlaffte Hand sinkt herab; sie greift nach dem Gift.
Clarissa (schreit auf).
Director. Janthe hat ihre Hand erfaßt und hält sie krampfhaft. — Sie spricht die Schlußworte! Es ist vorbei!
(Man hört donnernden Applaus.)

20. Auftritt.

Sämmtliche Mitwirkende (außer **Kurt, Horwitz** und **Marufchka**, treten von verschiedenen Seiten auf).

Alle (drängen sich zu Leni, um sie zu beglückwünschen).
Erwin
Heinzeles } (küssen ihr die Hand).
Nepomuk (weint vor Entzücken).
Clarissa (steht theilnahmsvoll in einiger Entfernung).
Leni (für sich). Kurt immer noch nicht da! (Sie wendet sich von den Verehrern ab, nimmt das Fläschchen zur Hand, um es zum Munde zu führen.)

21. Auftritt.

Vorige, Kurt.

Kurt (hinter der Scene). Leni! (Mit Gewalt eindringend). Leni!
Leni (läßt das Fläschchen fallen). Kurt!
(Umarmung.)
Leni. Bist Du zufrieden mit mir?
Kurt. Zufrieden? Entzückt bin ich! Niemals habe ich auf der Bühne einen solchen tragischen Ausdruck gehört, niemals eine so tief dringende Wirkung empfunden! Diese Hero war eine echte tragische Gestalt.
Leni. Wirklich?
Kurt. Ja! Gleich anfangs wehte ein tragischer Zug durch den Saal, der aus Deinem tiefsten Innersten zu kommen schien. Und als dann sichtbar und doch keusch die Liebeslust erwachte, da rang sich gleichsam das Bedürfniß nach vollem Lebensglück empor aus gepreßter Seele und ein Jeder im Zuschauerraum mochte wol fühlen: Du armes

Mädchen erwärmst Dich, wirst Dich bald dem Liebesdrange hingeben, Du wirst Dich grenzenlos hingeben, wirst grenzenlos unglücklich sein und dann völlig zu Grunde gehen! Und als Leander's Leiche sichtbar ward und Hero ruft: „Ein Mann — Leander — weh! Betrogen und Betrüger meine Augen! Ist's wirklich wahr?" und nun mit jähem Falle zu Boden stürzt, da zuckte es wie Entsetzen durch's ganze Haus. Kein Mensch applaudirte, aber man fühlte, daß Jedermann getroffen sei bis in's Innerste. Und nun kam der Ausbruch der Verzweiflung Hero's, gesprochen mit hinreißender Kraft, bis zu den letzten Worten: „Laß' mich! Der Mord ist stark und ich hab' ihn getödtet!" Da brach der Beifall los, und wahrlich: Du hattest ihn verdient!

Alle (geben ihre Zustimmung zu erkennen).

Leni. Und ich stand am Rande der Verzweiflung, weil ich glaubte, daß ich nicht genüge. Warum kamst Du nicht einmal, böser Mann, mir ein ermuthigendes Wort zu sagen?

Kurt. Wie, Du weißt nicht —

Director. Ich habe ihn nicht hereingelassen! Er schien mir zu stürmisch. Jetzt könnt Ihr Euch aussprechen!

Leni (sinkt dem Kurt mit Hingebung in die Arme).

Kurt (drückt ihr einen Kuß auf die Lippen).

Heinzeles (tragikomisch). Ich — entsage!

Nepomuk (halblaut). Der Kurt ist doch der Rechte. Er wird sie glücklich machen — und ihr Glück ist auch das meinige.

Director (das Paar betrachtend). Das ist ein Anblick für Götter!

Erwin. Aber nicht für verabschiedete Freier.

Leni (unter Thränen lachend). Verzeihen Sie mir, Herr Graf!?

Erwin. Was bleibt mir denn Anderes übrig; wenn's auch recht weh thut!

Heinzeles. Ja, ja, der Graf und der Baron machen Pleite!

Director. Pfui, das ist ein häßliches Wort!

Heinzeles. Aber richtig ist's.

Erwin. Richtig ist's!

Wussinah (hat sich Leni genähert).

Leni (reicht ihm die Hand).

(Gruppe.)

(Der Vorhang fällt.)

E n d e.

Allgemeine Kunst-Chronik.

Zeitschrift für Kunst, Kunstgewerbe und Literatur.

Herausgeber: Dr. Wilhelm Lauser.

Erscheint jeden Samstag.

Halbjährliches Abonnement 6 fl. = 12 Mark = 5 Francs.

Seit October 1882 erscheint mit der „Allgemeinen Kunst-Chronik" eine regelmäßige Beilage:

Allgemeine Theater-Chronik.

Halbjährliches Abonnement 2 fl. = 4 Mark = 15 Francs.

NB. Die Abonnenten der „Allgemeinen Kunst-Chronik" erhalten die „Allgemeine Theater-Chronik" als regelmäßige Beilage gratis und franco.

Die Zusendung geschieht am besten durch Postanweisung.

Probe-Nummern gratis und franco.

Hochachtungsvoll ergebenst

Die Administration

Wien, III. Reisnerstraße 29.

Ost und West.

Illustrirtes Familienblatt.

Kleine Illustrirte Zeitung. IV. Jahrgang.

Jeden Sonntag eine Nummer von 2 Bogen oder 16 Seiten gr. 4.

Preis viertelj. 1 fl. 35 kr. = 2 M. 50 Pf.

Alle 14 Tage erscheint ein Heft von 4 Bogen oder 32 S. gr. 4.
Preis des Heftes 18 kr = 30 Pf.

Pränumeration in allen Buchhandlungen.

Probe-Nummer gratis und franco.

Verlag von **Hugo Engel** in **Wien**, I. Getreidemarkt 14.

Im Verlage von **Hugo Engel** in **Wien**, I. Getreidemarkt 14, ist erschienen und durch alle Buchhandlungen zu beziehen:

Der Justizrath.

Schwank in einem Act.

Nach Marcussen von

G. Namberg.

Preis 30 Kreuzer = 50 Pfennige.

Das Aufführungsrecht ist zu erwerben durch die Agentur von Gustav Lewy, Wien, IV. Schleifmühlgasse 6.

Elektrisch.

Dramatische Solo-Scene

von

Hermann Winds.

Preis 20 Kreuzer = 40 Pfennige.